„Knjiga koju morate pročitati, ne samo zato što pisci daju odličan uvid u temu, već i zato što je svim današnjim hrišćanima ovakva knjiga preko potrebna. Mnogi hrišćani misle da je virtuelna crkva budućnost hrišćanstva, a kovid 19 potkrepljuje tu ideju. *Ponovno otkrivanje crkve* biće vam od velike pomoći kao podsetnik da čvrsto stojite na biblijskom viđenju crkve i ničemu drugom. Najtoplije preporučujem ovu knjigu."

Nima Alizadeh, Predsednik i osnivač
organizacije *Iranian Revelation Ministries Inc.*

„Knjiga napisana u pravo vreme, u doba u kojem vlada zbunjenost i razočaranje po pitanju suštinske potrebe lokalne crkve. Hansen i Liman pružili su nam logičko, praktično, biblijsko i osnovno razumevanje uloge crkve u životu svakog hrišćanina. Teško je zamisliti da ijedan hrišćanin bez crkve može da sazreva u Hristu i neprekidno živi evanđelje. Ako se pitate zašto je to tako, morate pročitati ovu knjigu koja će vas uveriti i ohrabriti. Molim se i nadam da će je naš Bog koristiti za ponovno otkrivanje i ponovnu izgradnju crkve našeg doba."

Migel Nunez, Pastor Internacionalne baptističke
crkve u Santo Domingu u Dominikanskog Republici

„I pre pandemije virusa kovid 19 pojavili su se veoma različiti pogledi na hrišćansku crkvu. Restrikcije zbog virusa još su nas više navele da se zapitamo šta je crkva i koja je njena uloga; stoga nam je biblijska obnova danas potrebnija nego ikad. Kolin Hansen i Džonatan Liman uhvatili su se u koštac sa ovim problemom i ponudili nam knjigu kao pomoć da do te obnove dođemo. Knjiga *Ponovno otkrivanje crkve* napisana je poletnim, razgovornim stilom i nudi nam uverljivu biblijsku perspektivu punu pronicljive i praktične mudrosti. Svaka crkva treba da je pročita i razgovara o njoj, jer nudi važno biblijsko vođstvo koje vernicima pomaže da ponovo otkriju crkvu Isusa Hrista za njegovu slavu i napredak evanđelja."

Kis fan Kralingen, starešina Nezavisne Baptističke crkve u
Papendrehtu u Holandiji; urednik časopisa *Reformation Today;*
član odbora organizacije *The Gospel Coalition Netherlands*

„*Ponovno otkrivanje crkve* je knjiga sa aktuelnom temom napisana u pravi čas i preko je potrebna svetu koji je tek izašao iz pandemije. Crkva više neće biti shvaćena olako; ova generacija želi da zna zašto radimo to što radimo. Hansen i Liman vešto kombinuju biblijske misli sa životnim iskustvima kako bi stvorili manifest o tome kako današnja crkva treba da izgleda. Zašto se fizički okupljamo u virtuelnom svetu? Ko je crkvi dao vlast da objavljuje istinu? Kako da volimo ljude u crkvi i van nje? Kako da sprovodimo crkvenu disciplinu u ljubavi? Ponekad oštra (nemoral jednoobraznih crkava), puna slika koje se lako pamte (crkva kao ambasada) i uvek promišljena – ova knjiga treba da se čita i o njoj treba da se razgovara."

Dž. Mak Stiajls, misionar i nekadašnji pastor
na Bliskom istoku; pisac knjige *Evangelism*

„Nekada davno, osnovne istine o crkvi bile su strane samo nominalnim hrišćanima koji već dugo nisu bili posvećeni crkvi. Sa pojavom virusa kovid 19 i internet prenosa, sve veći broj vernika želi da „ide u crkvu" od kuće. Upravo je zato ova jednostavna knjiga bogata anegdotama iz ličnog života stigla u pravo vreme. Kolin Hansen i Džonatan Liman pozivaju nas da ponovo otkrijemo crkvu tako što ćemo se upoznati sa njenom sveobuhvatnom definicijom. Dok zajedno s piscima budete prolazili kroz štivo, u vama će se iznova probuditi ljubav prema crkvi i njenoj glavi, Isusu Hristu."

Konrad Mbeve, pastor, Baptistička crkva Kabwata, Lusaka, Zambija

Naslov izvornika:
Rediscover Church: Why the Body of Christ Is Essential
Kopirajt © 2021 Collin Hansen i Jonathan Leeman

Izdavač:
Crossway
1300 Crescent Street
Wheaton, Illinois 60187

Izdavačko pravo za Srbiju:
Hrišćansko udruženje „Projekat Timotej"
tel.: +381 69/712–470
projekattimotej@gmail.com
www.projekat-timotej.org

Za izdavača: Riste Micev
Prevod: Anja Lalović
Lektura i korektura: Predrag Jovanović
Prelom teksta i priprema za štampu: Matej Delač
Štampa: Spirit, Novi Sad
Tiraž: 1000

9Marks ISBN 978-1-955768-35-1

Ukoliko nije drugačije naznačeno, svi delovi Svetog pisma preuzeti su iz Savremenog srpskog prevoda (SSP[TM]), © *World Bible Translation Center*, ogranak *Bible League International*. Preuzeto s odobrenjem.
Sve naglaske u navodima dodao je pisac ove knjige.

PONOVNO OTKRIVANJE CRKVE

Zašto je Hristovo telo suštinski važno

KOLIN HANSEN
i DŽONATAN LIMAN

Novi Sad
2021.

SADRŽAJ

Uvod	9
1. Šta je crkva?	17
2. Ko može biti član crkve?	29
3. Da li je zaista potrebno da se okupljamo?	43
4. Zašto su propovedanje i učenje suštinski važni?	55
5. Da li je neophodno biti član?	67
6. Da li se kroz crkvenu disciplinu zaista iskazuje ljubav?	83
7. Kako da volim članove koji su drugačiji od mene?	97
8. Kako da volimo ljude van crkve?	109
9. Ko treba da vodi?	121
Zaključak: Nećete dobiti crkvu kakvu želite, već nešto bolje	135
Zahvalnost	145
Opšti indeks	147
Biblijski indeks	157

Za moju kućnu grupu:
Oni koji zajedno prežive pandemiju ostaju zajedno.
Kolin

Mojoj braći i sestrama iz crkve
Cheverly Baptist Church
Džonatan

UVOD

Verovatno imate mnogo razloga da ne idete u crkvu. Mnogi ljudi su, naravno, prestali da idu u crkvu tokom skorašnje pandemije – po nekim procenama čak trećina onih koji su ranije redovno odlazili. Možda se i vi tu ubrajate. Cilj ove knjige je da vam pomogne da ponovo otkrijete crkvu. Možda vam čak pomogne da prvi put otkrijete zbog čega Bog želi da vam sastanci sa lokalnom crkvom budu prioritet i zašto želi da joj se posvetite.

Jednostavno rečeno, hrišćanin bez crkve je hrišćanin u nevolji.

Već odavno ne smemo pretpostaviti da čak i posvećeni vernici u Isusa Hrista razumeju zašto bi trebalo da se zamaraju odlaskom u crkvu. Broj ljudi koji se izjašnjavaju kao hrišćani daleko je veći od broja ljudi koji redovno pohađaju nedeljne sastanke. Čak i kada to jeste slučaj, u crkvi uglavnom služi i većinu stvari radi nekolicina. Stoga, nije kovid 19 najednom ubedio hrišćane da im crkva nije potrebna. Milioni ljudi doneli su tu odluku i pre sastanaka preko interneta, socijalne distance i maski.

Kovid 19 je, međutim, produbio već dugo postojeći jaz između lične vere i organizovane religije. Bili smo iznenađeni kada je sve počelo da se zatvara, jer se to desilo naglo i nismo znali koliko će trajati. Teško je ponovo uspostaviti naviku koje se niste držali mesecima. Taj problem ne odnosi se samo na crkvu. Pokušajte ponovo da krenete u teretanu nakon što ste se mesecima plašili da tamo odete.

Bilo bi nam teško da ponovo krenemo u crkvu čak i da je naš problem samo smrtonosna bolest koja nas je držala razdvojenima duže no što je iko očekivao. Međutim, strah da se ne zarazimo kovidom 19 možda je jedan od najmanjih razloga koji hrišćane drži daleko od crkve. Rasprave o maskama, vakcinama i mnogo čemu drugom podelile su članove crkve, koji su zarobljeni u svojim domovima i prilepljeni za Fejsbuk stranice prepune sumornih upozorenja i teorija zavere. Hrišćani su mnogo više voleli jedni druge pre nastanka društvenih mreža, a sada kada nema ni sedmičnog okupljanja pod istim krovom, privrženosti potpuno nestaje.

I to nije sve. Skorašnji izbori – bar za čitaoce iz Amerike – verovatno su još više doprineli ovoj podeli. Kako hrišćani mogu da slave Boga zajedno sa glasačima čiji stavovi su toliko različiti od njihovih? Naravno, kao hrišćani možda imamo isti pogled na Trojstvo, krštenje, možda čak i eshatologiju, ali šta to vredi kada imamo više toga zajedničkog sa svojim političkim istomišljenicima, čak i kada oni nisu vernici?

Isto važi i za rasnu netrpeljivost. Možda se pitamo kako naši neverni bližnji tako jasno vide rešenje ovog problema, dok onaj par iza kojeg smo sedeli u crkvi svake nedelje u svojim javnim objavama na društvenim mrežama iznosi tako neosnovane, pa čak i opasne stavove? Samo to je dovoljno da mnogi pomisle kako nikada ne mogu da se vrate u svoju crkvu, a da se pritom osećaju bezbedno i prijatno.

Pastore da i ne spominjemo. Čuli su kako se žalimo. Zašto nas nisu zvali da pitaju kako smo dok smo bili zaključani kod kuće? Šta su uopšte radili tokom pandemije? Propovedi preko interneta delovale su nenadahnuto, kad bi se neko uopšte i setio da se uključi dok ga ometaju razularena deca. U svakom slučaju, obični pastori ne mogu ni da se porede sa hrabrim vođama koje su se uhvatile u koštac sa problemom na televiziji i u novinskim člancima. Pored toga, bilo je lakše nego ikada ranije slušati službe drugih pastora preko interneta i bez osećaja krivice izbegavati sopstvenu crkvu. Znali smo da niko to neće ni primetiti, jer svakako nismo viđali svoje pastore uživo.

Da, svi imamo mnogo razloga da se ne vratimo u crkvu. Zapravo, mnoge zajednice ne očekuju da ćemo se uopšte vratiti. Osnivaju se virtuelne crkve i zapošljavaju virtuelni pastori. Nema potrebe da se nedeljom budimo rano. Nema potrebe da oblačimo pantalone. Nema potrebe da tražimo parking. Nema potrebe da ignorišemo tuđe bebe koje plaču. Nema potrebe da sa osobom čiji nas politički stavovi užasavaju vodimo besmislene razgovore uz lošu kafu. Nema potrebe da suzbijamo zevanje tokom dugačke propovedi. Nema potrebe da uzimamo hleb i vino.

BUDUĆNOST CRKVE?
Ima li onda crkva budućnost? Da li budućnost leži u virtuelnoj crkvi? Odgovor je i da i ne. Zbog toga je naš cilj da vas ovom knjigom podstaknemo da ponovo otkrijete crkvu. Ne radimo to naivno, kao da ne znamo kako je to kada neko ima problema u lokalnoj zajednici. Zapravo, svako ko voli crkvu mora naučiti da oprašta i nosi teret zajedno s drugim hrišćanima. Bog nas ne poziva u crkvu jer je to ušuškano mesto na kome možemo naći malo duhovnog ohrabrenja. On nas poziva u dom u kome se retko nalazi ono što želimo, a često ono što nam je potrebno. Pokušajte da se prisetite kako je crkva izgledala pre pandemije. Kada biste pogledali zajednicu spremnu da peva, da se moli i da čuje Božiju reč, pomi-

slili biste da su svi radosni što se tamo nalaze. Bilo da su tiho slušali pastorovu propoved ili glasno vikali „Amin!" kao potvrdu neke njegove tvrdnje. Bilo da su dizali ruke dok je hor pevao ili sedeli pogleda prikovanih za pesmaricu. Bilo da su se dugo i srdačno rukovali s vama i prijateljski vas pozdravljali ili samo kratko rekli: „Mir s tobom" i nastavili svojim putem.

Ipak, nije sve onako kako izgleda, čak ni u crkvi punoj osmeha. Pandemija je učinila da naši odnosi zahladne i na videlo iznela bol i strah koji su se nalazili iza nasmejanih lica.

Iza svakog osmeha koji vidite u crkvi krije se priča. Krije se porodica koja se prepirala tokom čitavog puta od kuće do praga crkvene zgrade. Krije se udovica žalosna zbog gubitka koji su svi ostali već zaboravili. Krije se usamljena duša koja se bori sa sumnjom u Božiju dobrotu usred života punog bola i patnje. Možda se čak krije i pastor koji se pita kako da crkvi kaže da treba da sledi Isusa nakon sedmice u kojoj ni sam često nije uspevao u tome.

Iz nedelje u nedelju nikada niste u potpunosti sigurni kako se ko oseća i šta ko misli, bez obzira na ono što vidite spolja. Ne možete čak biti u potpunosti sigurni ni zašto je svako od njih došao. Zato ne znate ko će doći ponovo. Jedna osoba podrobno je proučila doktrinarne stavove svake crkve pre nego što je izabrala crkvu koja joj najviše odgovara. Drugoj su samo bili potrebni prijatelji u novom gradu. Treća je išla iz zajednice u zajednicu i nikada nije našla onu pravu. Četvrta ne može da pronađe nijedan razlog zbog kojeg bi napustila crkvu u kojoj je odrasla i doživela sve velike životne korake, rođenja, venčanja i smrti. Samo po onome što se vidi spolja nikada ne možete znati čitavu priču, čak ni u svojoj crkvi.

Zašto onda ponovo treba da otkrijete crkvu? Šta bi vas nagnalo da ustanete iz kreveta nedeljom ujutro ili sa kauča nakon posla sredom popodne? Zašto da se vratite u određenu zajednicu kada imate druge mogućnosti? Zašto da se uopšte zamarate hrišćanstvom? Svet tokom pandemije skoro uopšte nije žalio za crkvom. Šta je uopšte crkva? Je li ona organizacija za pomoć mentalno i emotivno slabim ljudima? Ili politička grupa uskoumnih istomišljenika? Da li crkva služi za društveno koristan rad ili je klub ljubitelja starih pesama?

Čak i pre pretnje od smrtonosne zaraze crkva je delovala veoma čudno u današnje vreme u kojem se susedi retko okupljaju kako bi vodili otvorene razgovore, zajedno učili ili entuzijastično pevali – naročito kada tema oko koje su se okupili dolazi iz prastare knjige o neobičnim praksama kao što je žrtvovanje životinja, knjige za koju hrišćani tvrde da ima apsolutni autoritet.

Šta se onda zapravo događa kada odete u crkvu? Ne mislimo samo na propoved, pevanje i službu (iako ćemo se u ovoj kratkoj knjizi osvrnuti na svaku od tih stvari). Mislimo na ono što se događa iza osmehâ, pesama i čitanja iz Pisma. Mislimo na Božije planove i naume – jer vaša crkva je mnogo više od onoga što se na prvi pogled vidi. Ona je, zapravo, zenica Božijeg oka, telo za koje je Isus Hristos predao svoje telo. Ona je suštinski važna.

Upravo zato Bog koristi najintimniji ljudski odnos, brak, kako bi objasnio šta se događa u vašoj crkvi. Kada je crkvu u Efesu učio o braku, apostol Pavle je napisao:

> Muževi, volite svoje žene kao što je i Hristos zavoleo Crkvu i samoga sebe predao za nju, da je osvešta, očistivši je kupanjem u vodi i rečju, da pred sebe postavi slavnu Crkvu, koja nema mrlje, ni bore, ni bilo čega sličnog, nego je sveta i bez mane (Ef. 5,25-27).

U ovom odlomku Pavle nam pomaže da iz odnosa koji poznajemo, braka, zaključimo nešto o crkvi što inače ne vidimo. Muževi vole svoje žene tako što svoj život predaju za njih. Isto tako, Isus Hristos – Božiji jedinorođeni Sin, začet Svetim Duhom, koga je rodila devica Marija, a razapeo Rim, i koji je vaskrsao trećeg dana – predao je sebe za crkvu. Kroz svoju žrtvu na krstu otkupio je sve koji se okrenu od svog greha i veruju mu. Možete postati sveti jer je Isus predao svoje telo za vas. Baš kao što se brinete za svoje telo i negujete ga, tako Hristos neguje crkvu i brine se za nju (Ef. 5,29).

Setite se ove nedokučive misterije kada starija dama koja sedi do vas stavi previše parfema, kada čovek ispred vas ne tapše u ritmu ili kada vaš prijatelj koji sedi na drugom kraju reda zaboravi da vam čestita rođendan. Teže je imati ovu misteriju na umu kada ste sami kod kuće, jer čak i najčudniji delovi tela imaju ulogu da nas podsete da niko ne prilazi Bogu osim po milosti. Niko ne može kupiti mesto za njegovom trpezom. Pristupamo joj samo ukoliko smo pozvani.

Verovali ili ne, vaša crkva je još zanimljivija od toga. Apostol Pavle piše crkvi u Korintu: „A vi ste Hristovo telo i, pojedinačno, udovi" (1. Kor. 12,27). Da, vaša crkva je sâmo Hristovo telo. To važi i za bankara koji je u odboru đakonâ i za lečenog alkoholičara koji ne može da utiče na svoj miris. To važi i za mis maturske večeri koja vas s osmehom pozdravlja na vratima i za vaspitačicu koja nikada ni sa kim nije bila na sastanku. Ukoliko ste se pokajali za svoje grehe i poverovali u dobru vest o Isusovoj smrti i vaskrsenju, svi pripadate Hristu – i jedni drugima. Pavle piše Rimljanima: „Jer, kao što u jednom telu imamo mnogo udova, a svi udovi nemaju istu ulogu, tako smo i mi, mnogi, jedno telo u Hristu, a jedan drugom udovi" (Rim. 12,4-5).

U Hristu, vaša crkva je savršena – bez mrlje ili bore. To ostaje istina čak i tokom pandemije i političkih previranja. Već znate – ili ćete vremenom saznati – da se u praksi vaša crkva sastoji od udova koji i dalje greše protiv Boga i jedni protiv drugih, iako ih Duh čini svetima. Oni vam staju na žulj, zaborave da dođu kada je njihov red da čuvaju decu, vređaju, iskazuju grešnu pristrasnost i rade još mnogo toga.

Ipak, dok vam kroz ovu knjigu budemo pomagali da ponovo otkrijete crkvu, moraćete da podsetite sami sebe na ono što ne možete videti. Vraćate se u crkvu jer pripadate Bogu, jer je Hristos predao svoje telo. Pošto je predao svoje telo, Hristos je sačinio telo vernika iz svakog plemena, jezika, naroda i narodnosti (Otk. 5,9). U ovom telu nijedna osoba nije važnija od druge, jer mu svako pripada samo po milosti i samo kroz veru. Nema povlastica za bogataše ili naklonosti prema važnima (Jak. 2,1-7). Pošto sve dugujemo Hristu, sve delimo jedni sa drugima: „Ako jedan ud pati, svi udovi pate s njim i ako se jedan ud slavi, svi udovi se raduju s njim" (1. Kor. 12,26).

Pripadate Bogu i jedni drugima. Jedno telo, mnogo udova – uključujući i vas. Postoji mnogo razloga zbog kojih ne bi trebalo ponovo da otkrijete crkvu i jedan razlog zbog kojeg to morate učiniti: kroz ove ljude koji vam se ne sviđaju mnogo Bog želi da vam pokaže svoju ljubav. To je jedina ljubav dovoljno moćna da nas izmami iz nas samih i uvede u zajedništvo daleko jače od sila koje razaraju naš bolesni svet. To je jedini, najvažniji put do zajedničkog ozdravljenja.

Pored svega toga, Hristos kaže da je u crkvi prisutan na jedinstven način. Možemo se čak usuditi da kažemo da je vaša crkva, i naša, mesto na kojem se susreću nebo i zemlja – mesto gde nalazimo odgovor na svoju molitvu: „Neka bude volja tvoja, kako na nebu, tako i na zemlji."

1
ŠTA JE CRKVA?

Džonatan Liman

Možda ste kao dete sa roditeljima išli u crkvu. Ja jesam. Neke stvari su mi se dopadale, neke nisu. Obožavao sam da igram žmurke sa prijateljima u crkvenoj zgradi. Bila je to velika zgrada nepravilnog oblika, puna neočekivanih hodnika, prolaza i stepeništa – savršena za igru žmurke. Da ste me tada pitali: „Šta je crkva?", verovatno bih vam rekao da je crkva ta zgrada.

U srednjoj školi jedina stvar koja me je interesovala u vezi sa crkvom bili su omladinski sastanci koji su se održavali petkom uveče i na kojima su se pevale zabavne pesme, izvodili smešni skečevi i kratko proučavala Biblija. Ipak, da ste me pitali da li sam ikada razmišljao o tome da postanem član crkve, ne bih znao šta da kažem. Verovatno bih izbegao to pitanje, ne shvatajući njegov značaj.

Na koledžu i postdiplomskim studijama prestao sam da odlazim u crkvu. Još sam verovao u istine hrišćanstva, makar u svom umu, ali sam želeo svet više nego što sam želeo Hrista. Zato sam zdušno krenuo za svetom. To stanje najbolje mogu da opišem izrazom nominalni hrišćanin – hrišćanin samo po imenu. Nazivao sam Isusa svojim Spasiteljem, ali on zasigurno nije bio moj Gospod. „Verovao" sam, ali nisam se „pokajao i verovao", kao što nas je Isus pozvao da činimo. Da ste me tada pitali: „Šta je crkva?", verovatno bih rekao: „To je skup ljudi koji žele da slede Isusa i baš zato ne želim da budem tamo." Ali zapravo, što sam se više udaljavao od crkve, bolje sam razumeo šta ona jeste.

A vi? Da li ste se ikada zapitali: „Šta je crkva?"

PROPOVEDANJE I LJUDI

U avgustu 1996. godine završio sam postdiplomske studije i preselio se u Vašington da pronađem posao. Jedan prijatelj koji je hrišćanin preporučio mi je crkvu u gradu. Pošto sam pomalo osećao grižu savesti zbog načina na koji sam živeo, ali još više zato što sam žudeo za nečim dubljim i značajnijim u životu, odlučio sam da odem tamo. Ne sećam se sadržaja propovedi te prve nedelje ujutro nakon povratka u crkvu, ali se sećam da sam otišao i na popodnevnu službu, a zatim i na biblijsko proučavanje u sredu. Naredne nedelje otišao sam u istim terminima: nedelja ujutro, nedelja popodne i sreda uveče. Odjednom sam od čoveka koji uopšte ne ide u crkvu postao čovek koji tamo odlazi tri puta nedeljno. Niko me nije terao da to radim. Nešto me je vuklo.

Zapravo, *neko* me je vukao – Sveti Duh – a za to je koristio dve stvari. Prvo, koristio je propovedanje pastora Marka. Nikada nisam čuo ništa slično. Mark je propovedao iz Biblije, stih po stih, poglavlje po poglavlje, bez imalo srama.

Na primer, jedne nedelje Mark je propovedao iz jednog od onih poglavlja iz Starog zaveta, iz knjige Isusa Navina, koja su teška za razumevanje. Bog je zapovedio Isusu Navinu da uđe u jedan hananski grad i pobije sve muškarce i žene, stare i mlade, stoku, ovce i

1 ŠTA JE CRKVA?

magarce. Naglas je pročitao tekst, pogledao nas i napravio pauzu.
Šta će sledeće reći?, pomislio sam. *To što tu piše je nečuveno!*
Naposletku pastor Mark reče: „Ukoliko ste hrišćanin, trebalo bi da znate zašto se ovakav tekst nalazi u Bibliji."
Čekaj, šta?
Isprva me je Markova tvrdnja razdražila. *Treba da znam zašto je u Bibliji? Zašto mi ti ne kažeš zašto se tu nalazi, gospodine Propovedniče?*

Ipak, trenutak kasnije Markove reči počele su da poprimaju smisao. Stihovi kao ovi koje je Mark pročitao podsećaju nas na to da nam Bog ne duguje objašnjenja. Mi njemu dugujemo objašnjenja. Bog nije na suđenju. On je Stvoritelj i Sudija. Samo on može da dâ i oduzme život.

Ne sećam se šta je pastor Mark rekao posle toga. Suština je u tome da se moj svet već tada promenio. Stvarnost je dobila novi poredak. Gledao sam pomalo drugačijim očima – kao kada čovek s godinama stekne novi pogled na život, samo se meni to desilo u jednom trenu. Sada sam bio uveren: *Bog je Bog. Ja nisam Bog.*

Dobro propovedanje čini da se takve stvari događaju svake nedelje. Ono verno otkriva Bibliju i menja stav srca, pomažući vam da vidite svet iz Božijeg ugla, a ne iz sopstvenog. Više ćemo razmišljati o propovedanju u poglavlju 4.

Međutim, ovakvo propovedanje nije bilo jedino što je Sveti Duh iskoristio da me privuče toj crkvi. Koristio je i ljude. Čovek po imenu Den pozvao me je da sa njegovom porodicom nedeljom ujutro doručkujem i proučavam Knjigu proroka Isaije. Bračni par u penziji, Helen i Hardin, pozvali su me na večeru. Isto je učinio još jedan stariji par, Pol i Alis. Zagrljaj te crkve bio je prijatan i topao. U Vašingtonu sam imao nekoliko kolega koji nisu bili hrišćani, ali sve više vremena želeo sam da provodim sa novim prijateljima iz crkve i pozovem kolege da mi se pridruže.

Crkva mi je svojom ljubavlju i posvećenošću pružila sliku drugačijeg života. Živeo sam služeći sebi. Oni su živeli služeći Bogu i drugima. Koristio sam reči kako bih hvalio sebe ili kritikovao druge. Oni su reči koristili za ohrabrivanje. Govorio sam o Bogu kao da je on samo jedno poglavlje u filozofiji. Oni su govorili o Bogu kao da ga poznaju. Želeo sam da uživam u vikend zabavi. Oni su želeli da uživaju u Hristu.

Takođe mi je pružila sliku drugačijeg grada. Bili smo u Vašingtonu, gradu obuzetom razgovorima o predstojećim izborima zakazanim za novembar 1996. godine. I članovi crkve upuštali su se u ovakve razgovore. Neki od njih čak su odlazili u svoje distrikte da nekoliko nedelja vode kampanju kako bi njihovi šefovi dobili poziciju u Kongresu ili Senatu. Ipak, ovi ljudi razgovarali su o politici kao da je ona samo *važna*. Grad je želeo da se prema njoj odnose kao da je *neprikosnovena*. Članove crkve *interesovala* je politika. Grad je želeo da slavimo politiku kao *idola*.

Dakle, u crkvi je politička kultura bila mirnija i manje uzburkana, a ljudi su iskazivali više poštovanja. To što smo se slagali oko najvažnijih stvari, kao što je izvor večne pravde, dopuštalo nam je da se u ljubavi ne slažemo oko važnih stvari, kao što su najbolje političke strategije za trenutno sprovođenje pravde.

Tradicionalne društvene podele takođe su bile manje zastupljene. Tada sam bio samac u ranim dvadesetim godinama. Vremenom sam sve više večeri provodio sa venčanim sedamdesetogodišnjim parovima ili osamdesetogodišnjim udovicama. Prvi značajan odnos koji sam razvio sa braćom i sestrama koji su pripadali manjini desio se u toj crkvi.

1 ŠTA JE CRKVA?

Ukratko, naučio sam da Božiji grad igra po drugačijim pravilima čak i kada učestvuje u građanskim i kulturnim zbivanjima u gradovima sveta.

Da ste me tada pitali: „Šta je crkva?", ne bih mogao da vam dam potpuno osmišljen odgovor. Ipak, ove dve stvari, propovedanje i ljudi – reč evanđelja i društvo oblikovano evanđeljem – u mom umu dobijale su sve veći značaj. Crkva – znao sam tada – ima veze sa grupom ljudi koja se okuplja kako bi doživela promenu kroz Božiju reč. Zbog toga oni žive zajedno kao drugačija vrsta ljudi. Žive kao ljudi koji su *u svetu*, ali koji *nisu od ovoga sveta*.

ZAŠTO JE ISPRAVNO RAZUMEVANJE VAŽNO – ŽIVOT KAO NA NEBU

Želim ponovo da vam postavim isto pitanje: Šta biste rekli da je crkva?

Kada o ovom pitanju ne razmislimo pažljivo, rizikujemo da sebi uskratimo lepotu onoga što Bog namerava za nas kao porodicu. Na kraju krajeva, vaše *razumevanje* onoga što crkva jeste uobličiće vaš *život* i *način života*.

Na primer, razmislite o tome kako ljudi danas govore da će se „učlaniti" u crkvu, kao da se radi o nekakvom klubu, kako govore da će se „provozati do crkve", kao da se radi o zgradi, ili kažu da „uživaju u crkvi", kao da se radi o predstavi. Koje se pretpostavke kriju iza naših reči kada o crkvi govorimo na ovaj način? Štaviše, kako ove pretpostavke utiču na način na koji se odnosimo prema crkvi? Rekao bih da nam one olakšavaju da o crkvi razmišljamo 90 minuta sedmično, a da ostatak vremena zaboravimo na nju.

„Ali sačekaj", čujemo iz Pisma, „crkva je zapravo okupljanje i zajednica Božije porodice, Hristovog tela i hram Svetog Duha."

Dakle, ukoliko nastavimo da se prema crkvi bez razmišljanja odnosimo kao prema klubu, zgradi ili predstavi, propustićemo ogromnu količinu podrške i blagoslova koje Bog želi da nam pruži.

Cilj ove knjige je da vam pomogne da ponovo otkrijete crkvu kako biste mogli da *razumete* šta je crkva, a zatim otkrijete i bogatstvo *življenja* u Božijoj porodici kao brat ili sestra; radost *življenja* u Hristovom telu, kao ud koji je povezan sa drugim udovima; silu *življenja* u potkulturi, gde ste uzidani kao cigla u sveti hram u kojem Bog sada boravi na zemlji. Želimo da iskusite sve prednosti i blagoslove, kako zbog sebe, tako i zbog svojih prijatelja i bližnjih koji nisu hrišćani.

Vašim prijateljima koji nisu hrišćani ne trebaju samo vaše reči evanđelja, već im je više od svega potrebna zajednica koja svedoči o istinitosti tih reči. Kada posmatraju kako vaša crkva živi, želite da kažu: „Bog zaista menja ljude. On zaista gradi pravedan i pravičan grad – ovde u crkvi" (v. 1. Kor. 14,25; Jev. 11,10).

Samo pomislite: američki političari već dugo govore o Americi kao o „gradu na gori". Međutim, deo ponovnog otkrivanja crkve podrazumeva da ponovo shvatimo da *naše crkve* treba da budu ti gradovi na gori, bilo da živimo u Sjedinjenim Državama ili u nekoj drugoj državi. To je ono što nam svima – hrišćanima i nehrišćanima – ponajviše treba u ovim kulturološki i politički nestabilnim vremenima.

Nebo se danas neće spustiti na zemlju ni kroz jedan narod. Nije se spustilo na zemlju kroz narod od kada je Bog svezao svoje prisustvo za hram u starom Izraelu.

Ipak na neverovatan, neshvatljiv, nepojmljiv način, Biblija kaže da je vaša crkva, ona koju želimo da ponovo otkrijete, mesto na kojem nebo počinje da se spušta na zemlju:

1 ŠTA JE CRKVA?

- ➤ Tu se nalazi Božije carstvo (Mat. 4).
- ➤ Tu je Božija volja kako na nebu, tako i na zemlji (Mat. 6).
- ➤ Tu sakupljamo nebesko blago (Mat. 6).
- ➤ Tu svezujemo i razvezujemo na zemlji ono što je svezano i razvezano na nebu (Mat. 16, 18).
- ➤ Mi smo Božiji hram (1. Kor. 3; 1. Pet. 2)

Kroz okupljenu crkvu nebo se spušta na zemlju. Kada se to desi, tada svojim sunarodnicima nudite nadu u bolju naciju, a svojim sugrađanima nadu u bolji i večni grad.

Sa kakvim god da se izazovima susrećete kao Amerikanac ili pripadnik nekog drugog naroda, pripadnik etničke većine ili manjine, bogataš ili siromah, vaša nada u pravedno i pravično društvo ne bi trebalo da leži na temeljima ovog sveta. Ona treba da počiva na samom Caru, koji uspostavlja nebesko carstvo kroz jedinice koje nazivamo lokalnim crkvama.

ŠTA JE CRKVA?

Šta je crkva? Biblija koristi različite slike da bi odgovorila na ovo pitanje – porodica ili kuća Božija, Hristovo telo, hram Svetog Duha, stub i temelj istine, Hristova nevesta, Hristovo stado i još mnogo toga. Svaka od ovih slika otkriva nešto predivno o vašoj i našoj crkvi i sve su nam potrebne, jer ne postoji nijedna druga organizacija, telo ili narod kao što je crkva. Osvrnuli smo se na nekoliko njih u uvodu, a nastavićemo da govorimo o njima kroz čitavu knjigu.

Ipak, postoji i teološka definicija crkve koju ćemo do kraja knjige pokušavati da objasnimo:

Crkva je grupa hrišćana (poglavlje 2)

↓

koji se okupljaju kao zemaljsko predstavništvo Hristovog nebeskog carstva (poglavlje 3)

↓

da bi objavili radosnu vest i zapovesti Hrista Cara (poglavlje 4),

↓

kroz obrede potvrdili jedni druge kao građane tog carstva (poglavlje 5),

↓

pokazali svetost i ljubav samog Boga (poglavlje 6)

↓

kroz različite ljude koji su ujedinjeni (poglavlje 7)

↓

u čitavom svetu (poglavlje 8)

↓

i koji prate učenje i primer starešina (poglavlje 9).

1 ŠTA JE CRKVA?

NA KRAJU, ČLAN

Nekoliko meseci nakon što sam stigao u Vašington jedan od mojih novih prijatelja pozvao me je u crkvu. Zapravo, pozvao me je da se uselim u dom za muškarce koji je pripadao crkvi, ali samo članovi crkve mogli su da žive tamo. Bila je to lepa kuća u nizu u uglednom naselju Kapitol Hil, a stanarina je bila niska. „Nema problema, postaću član crkve! Reci mi kako da se prijavim", rekao sam.

Ono što sam ja namerio za finansijsku dobit Bog je namerio za moje dobro.

Crkva je tražila da poslušam nekoliko predavanja o članstvu i uradim intervju sa pastorom Markom pre nego što postanem član. Pošto sam odrastao u crkvi, znao sam sve tačne odgovore. Zatim je zajednica glasala da me primi u članstvo novembra 1996. godine.

Da ste me tada pitali šta je crkva, pretpostavljam da bi moj odgovor bio nejasan i uopšten. Ipak, sećam se da sam se jednog dana vraćao sa ručka sa pastorom Markom i ispitivao ga zašto naša crkva insistira na tome da bude „baptistička". Sa dvadeset tri godine voleo sam da ulazim u takve rasprave.

Istini za volju, prve godine sam jednom nogom bio unutra, a drugom napolju. Subotom uveče išao bih na žurke sa prijateljima koji nisu hrišćani. Nedeljom ujutro bih išao u crkvu. Imao sam osećaj da pokušavam da stojim na dva konja istovremeno. Znate da to ne može večno da traje.

Ipak, Bog je bio milostiv. Malo-pomalo, promenio je moje želje i polako sam obe noge stavio na istog konja. Počeo sam da se kajem i gledam na Isusa i kao na svog Spasitelja i kao na svog Gospoda. Biblija mi je postala zanimljiva. Prijatelji koji su bili hrišćani postali su mi dragoceni. Greh mi je sve više delovao glupo, čak i odvratno.

Pokajanje je podrazumevalo da ostavim svoje mladalačke grehe – one na koje omladinske vođe upozoravaju tinejdžere.

Ipak, biblijsko pokajanje nosilo je sa sobom i dimenziju zajednice. U mom slučaju to je značilo da napustim svoj život nezavisnog, anonimnog pojedinca. Značilo je da treba da se pridružim porodici i preuzmem odgovornost za nju. Značilo je da prihvatim druge hrišćane u svoj život i da sa njima vodim neprijatne razgovore koji uključuju priznavanje grehâ ili slabosti. Značilo je da treba da nađem muškarce starije od sebe koji bi sa mnom radili učeništvo, i mlađe da ja radim učeništvo sa njima. To me je navelo da iskažem gostoprimstvo ljudima koji su bili novi ili u potrebi. Naučilo me da se radujem ili patim sa onima koji se raduju ili pate.

Drugim rečima, pokajanje uvek uključuje ljubav. Isus je rekao: „Novu zapovest vam dajem – da volite jedan drugoga. Kao što sam ja voleo vas, tako i vi volite jedan drugoga. Po ovom će svi znati da ste moji učenici: ako budete imali ljubavi jedan za drugoga" (Jn. 13,34-35).

Obratite pažnju na to kako Isus ne kaže da će neverni ljudi znati da smo njegovi učenici po ljubavi *prema njima,* iako je i to istina. On kaže da će nas poznati po ljubavi koju imamo *jedan za drugoga*. Zanimljivo, zar ne? Kako to može biti?

Pa, pogledajte ponovo kakva je to ljubav: „Kao što sam ja voleo vas..." Kako nas je Isus voleo? Voleo nas je ljubavlju koja je podnela grehe, žrtvovala se i pružila nam milost. „Ali, Bog svoju ljubav prema nama pokazuje ovako: dok smo još bili grešnici, Hristos je umro za nas" (Rim. 5,8).

Šta je crkva? To je grupa ljudi koji znaju da ih je Hristos voleo i zato su na taj način počeli da vole jedni druge. Na taj način su, kada sam imao dvadeset tri godine, pastor Mark, Den, Helen, Hardin, Pol i Alis voleli mene dok sam pokušavao da održim ravnotežu na dva konja.

Zapravo, na isti taj način članovi naših crkava i danas vole Kolina i mene – strpljivom ljubavlju koja oprašta i sve podnosi. Tako se i mi trudimo da volimo njih.

To je ljubav koju ljudi van crkve ne treba samo da čuju kroz reči, već da vide u našem zajedničkom životu. Ta ljubav treba da ih navede da kažu: „I mi želimo takvu ljubav! Možemo li da se pridružimo?"

„Prijatelju", kažemo mi, „želimo prvo da ti kažemo odakle takva ljubav dolazi."

PREPORUČENA LITERATURA

➢ Dever, Mark. *The Church: The Gospel Made Visible.* Wheaton, IL: Crossway, 2012.
➢ Hill, Megan. *A Place to Belong: Learning to Love the Local Church.* Wheaton, IL: Crossway, 2020.

Crkva je grupa hrišćana (poglavlje 2)

koji se okupljaju kao zemaljsko predstavništvo
Hristovog nebeskog carstva (poglavlje 3)

da bi objavili radosnu vest i zapovesti Hrista Cara (poglavlje 4),

kroz obrede potvrdili jedni druge kao građane tog carstva (poglavlje 5),

pokazali svetost i ljubav samog Boga (poglavlje 6)

kroz različite ljude koji su ujedinjeni (poglavlje 7)

u čitavom svetu (poglavlje 8)

i koji prate učenje i primer starešina (poglavlje 9).

2
KO MOŽE BITI ČLAN CRKVE?

Kolin Hansen

Tokom mog odrastanja moja porodica je išla u crkvu često, ali ne svake nedelje. To nije bio naročito važan deo našeg života. Mislio sam da nas svaki put kada se tamo pojavimo svi osuđuju i pitaju se zašto nismo došli prethodnih nedelja. Možda je tako i bilo. Verovatno nije. Ni većina ostalih ljudi nije dolazila svake nedelje. Sedeo sam sa porodicom pozadi i imao mnogo pitanja o evoluciji i dinosaurusima. Zaključio sam da ćemo, kada moja generacija preuzme svet, ostaviti crkvu za sobom kao budalastu zabludu starih naraštaja.

Možete onda zamisliti moje zaprepašćenje kad sam shvatio da su drugi tinejdžeri u crkvi uzbuđeni zbog Hrista. Mislio sam da je to nemoguće. Mislio sam da moraš da budeš čudak ili usamljenik da bi zapravo uživao u crkvi. Za razliku od mene, činilo se da imaju nadu i da njihov život ima svrhu. Bar sam bio spreman da sa njima odem na crkveni kamp. Ipak, i dalje mi je bilo teško da shvatim šta to tinejdžere može da ispuni tolikom radošću?

Jednog dana na kampu razlog mi je postao jasan. Bez vere u Isusa osuđeni smo za svoj greh i odvojeni od Boga. Međutim, kroz Isusovu žrtvenu smrt na krstu primamo oproštenje za svoje grehe kada se pokajemo i okrenemo od njih. Zbog toga što je Isus podignut iz mrtvih, zauvek možemo da uživamo u miru i zajedništvu sa trojedinim Bogom: Ocem, Sinom i Svetim Duhom.

Nisam siguran da sam tu poruku ikada ranije čuo u crkvi, a ako i jesam, nije na mene ostavila takav utisak kakav je ostavila na kampu. Nakon toga nikada nisam bio isti. Obratio sam se. Promena je odmah bila očigledna članovima moje porodice i mojim prijateljima – imao sam radost, slobodu i nadu. Nakon ovog iskustva mnogi od njih su takođe poverovali.

Kasnije sam se krstio i postao član crkve. Onda mi je postalo jasno zašto sam tokom odrastanja imao tako negativan pogled na crkvu – bilo je to zato što još nisam bio obraćen. Moja porodica je očekivala da ću po dužnosti biti redovan, ali ne i da ću učestvovati celim srcem. Morao sam ponovo da otkrijem crkvu i sebi odgovorim na pitanje ko može da bude član crkve i kakve su kvalifikacije potrebne da se to postane.

Ko, onda, može da bude član crkve? Kršteni hrišćani. Ljudi koji su nanovo rođeni i koji se zbog toga kroz krštenje izjašnjavaju kao vernici. Istini za volju, naši prijatelji pedobaptisti rekli bi da deca vernika takođe mogu biti članovi crkve nakon dečjeg krštenja (kao članovi koji uzimaju ili ne uzimaju pričest). Ipak, svi se slažu da odrasla osoba mora biti nanovo rođena i krštena kako bi postala član crkve. Govorićemo više o krštenju u poglavlju 5. Hajde sada da razmišljamo o obraćenju i o tome zašto je ono neizostavni deo ponovnog otkrivanja crkve.

NENAJAVLJENI ZA PRAZNIKE

Mi koji već dugo idemo u istu crkvu ne razumemo kako se čudno posetioci mogu osećati. Ukoliko ne znate ništa o crkvi, sâm ulazak u zgradu zahteva hrabrost. Gde treba da idete? Šta treba da kažete? Da li uopšte smete da uđete? Da li ste uopšte poželjni i da li vas neko očekuje? Šta treba da obučete? Kao da to nije dovoljno, kovid 19 je sa sobom doneo pitanja da li se službe održavaju preko interneta ili uživo, napolju ili unutra, sa maskama ili bez njih – da ne govorimo o tome da li treba da budete vakcinisani.

Čoveku kome je crkva nešto novo terminologija koja se koristi zvuči smešno. Da li ste ikada čuli reč *benedikcija* van crkve? Gde se još sedi u klupama? Muzika im je nepoznata. Danas se uz orgulje peva samo u crkvama i na Rigli Fildu[1]. Kada u crkvi pevamo iste pesme kao pre trideset godina, to nazivamo „modernom hrišćanskom muzikom". Na radiju bi to nazvali „stare stvari". Ponekad je čak i miris prepoznatljiv. Mogli biste bočicu napuniti mirisima memljivog tepiha, jeftine kafe, spreja za kosu i ugašenih sveća i prodavati pod nazivom nostalgija.

Ukoliko možete da dobijete dobre odgovore na mnoga pitanja koja imate o crkvi, čestitamo! Ipak, u zavisnosti od toga o kojoj crkvi je reč, odgovori mogu biti različiti. Koja je razlika između baptističke, rimokatoličke, metodističke, prezbiterijanske i anglikanske crkve? Takođe, baptistička crkva u Sjedinjenim Državama možda ne izgleda, ne zvuči ili ne izaziva isti osećaj kao baptistička crkva u Ugandi.

---

1 Rigli Fild (eng. Wrigley Field) je bejzbol stadion u Čikagu na kojem se muzika izvodi na orguljama (*Prim. prev.*).

PONOVNO OTKRIVANJE CRKVE

Jednom sam propovedao u pentekostalnoj crkvi u Italiji. Pripremio sam propoved upola kraću od uobičajenih 30 minuta, jer sam znao da ću imati prevodioca. Kada sam završio, niko se nije ni pomerio. Shvatio sam da nisam pitao koliko propovedi obično traju. Tek kasnije mi je postalo jasno da su očekivali da propovedam sat vremena. Sigurno su se osećali kao da sam ih prevario. Takvi običaji razlikuju se od crkve do crkve, od tradicije do tradicije, od države do države.

Poseta crkvi može biti kao kada biste kod nekoga za praznike došli nenajavljeni. Zamislite da na Božić, u vreme večere, odlučite da zakucate na nečija vrata. Svi ljudi u toj kući se poznaju i vole (ili bar tako deluje kada je Božić), ali vi ste stranac. Zamislite da vas zapravo pozovu da se pridružite slavlju. Zahvaljujući popularnoj kulturi, verovatno biste otprilike znali šta da očekujete. Biće hrane i poklona. Ali kakva će hrana biti zavisi od porodične tradicije koja se prenosi generacijama. Na koji način i kome se pokloni daju takođe je tačno utvrđeno pravilima koja čvrsto brane naslednici porodične tradicije. Ukoliko načinite pogrešan korak, svima ćete uništiti taj intimni trenutak.

Ponekad je tako i sa posetom crkvi, čak i kada je toj crkvi drago što ste došli i kada vas pozovu da im se pridružite. Već smo povezali crkvu sa duhovnom porodicom. Šta to znači? Da biste postali deo porodice, morate ili biti rođeni u njoj ili usvojeni. Biblija zapravo koristi oba koncepta da objasni ono što se zove obraćenje, kojim postajete deo ove duhovne, crkvene porodice. Isto kao što ne birate da se rodite ili budete usvojeni, tako ne birate ni obraćenje. Hajde onda da se pozabavimo pitanjem čemu Biblija poučava o duhovnom rođenju i usvajanju kao nečem što je neophodno da biste postali član crkve.

MORATE BITI NANOVO ROĐENI

Ukoliko vas zbunjuje koncept duhovnog rođenja, niste prvi. Zapravo, duhovno rođenje zbunjivalo je jednog od prvih Hristovih sledbenika i dovelo je do jednog od najpoznatijih razgovora u Novom zavetu. Sledbenikovo ime bilo je Nikodim, a o njemu možete čitati u trećem poglavlju Evanđelja po Jovanu. Pripadao je farisejima, grupi veoma revnosnih Jevreja koji se često nisu slagali sa Isusom po pitanju tumačenja zakona. Nikodim se zato nije usudio da priđe Isusu po danu, jer se bojao da će biti viđen s neprijateljem. Međutim, nije mogao da porekne ono što je video kod Isusa. Bilo je jasno da Isus ne bi mogao da čini čuda, kao što je pretvaranje vode u vino na svadbi u Kani, da nije bio od Boga. Međutim, Nikodim nije još ni postavio pitanje, a Isus mu je kao grom iz vedra neba rekao: „Istinu ti kažem, ako se čovek ne rodi ponovo, ne može da vidi Božije carstvo" (Jn. 3,3).

Šta? Nikodim je postavio logično pitanje: Kako je to moguće? Kada izađete iz majčine utrobe, ne možete se u nju vratiti. Isus nije baš mnogo toga pojasnio svojim odgovorom: „Istinu ti kažem, ako se čovek ne rodi od vode i Duha, ne može da uđe u Božije carstvo" (Jn. 3,5).

To je ključ za pitanje koje smo postavili u ovom poglavlju. Ko može da dođe u crkvenu zgradu i na službu? Odgovor je: svako! Ali ko može da pripada duhovnoj porodici koja se zove crkva? Samo oni koji su ušli u Božije carstvo. Samo oni koji su rođeni od vode i od Duha, kako je Isus rekao – dakle, samo oni koji su se nanovo rodili i krstili. A kako se to dešava? Isus je i to objasnio zbunjenom Nikodimu: „Jer, Bog je toliko voleo svet da je dao svoga jedinorođenog Sina da ko god u njega veruje ne propadne, nego da ima večni život" (Jn. 3,16).

Nikodim je očekivao da čovek može ući u Božije carstvo samo ako poštuje Božiji zakon i njegove detaljne uredbe vezane za rad i odmor, čistu i nečistu hranu i različite životinjske žrtve. Isus je čitav zakon sažeo na revolucionaran, a jednostavan način: verujte u mene, a ja ću dati svoj život za vas.

Isus je kasnije objasnio kako je njegova smrt na krstu, koja je delovala kao poraz, zapravo Božiji plan da zadovolji pravdu i oprosti greh. To je i dokazao svojim vaskrsenjem iz mrtvih. Svi koji se pouzdaju u Isusa za njim će nakon smrti ući u raj. Kada ovaj svet prođe, njihova tela biće vaskrsnuta i oni će uživati u večnosti sa Isusom, koji će vladati u Božijem carstvu. Svi koji veruju u Isusa biće spaseni od Božije osude za greh, a oni koji ga se odreknu trpeće večnu kaznu za svoju neposlušnost (Jn. 3,36).

Apostol Pavle je kasnije to rekao ovako: „Ako, dakle, svojim ustima priznaješ da je Isus Gospod i srcem veruješ da ga je Bog vaskrsao iz mrtvih, bićeš spasen" (Rim. 10,9).

Kada smo se prvi put rodili, od svojih roditelja smo nasledili greh, koji potiče još od prvobitne Adamove i Evine pobune (1. Mojs. 3). Zbog toga moramo nanovo da se rodimo, kako ne bismo umrli bez nade. Moramo biti spaseni od posledica grehâ, a to su večna smrt i odvojenost od Boga, našeg Stvoritelja. Kao što nismo tražili da budemo rođeni prvi put, samo naš Stvoritelj može da učini da budemo rođeni nanovo. „Neka je blagosloven Bog i Otac našega Gospoda Isusa Hrista. On nas je u svom velikom milosrđu, vaskrsenjem Isusa Hrista iz mrtvih, ponovo rodio za živu nadu" (1. Pet. 1,3).

Vera u Isusa Hrista je, dakle, Božiji dar (Ef. 2,8). To je dar koji Bog rado daje svakome ko zatraži. On dolazi svima koji se pokaju, okrenu od svojih greha i veruju samo i jedino u Isusa Hrista. Kada su apostoli videli da je dar pokajanja dat paganima, a ne samo Jevrejima, slavili su Boga (Dap. 11,18). Slediti Boga znači ostaviti sve drugo. Kada smo nanovo rođeni, u potpunosti pripadamo njemu. Ponovo otkriti crkvu znači shvatiti ili se setiti zašto se uopšte okupljamo. Okupljamo se da slavimo Boga – Oca, Sina i Svetog Duha – koji nas je spasao od greha i smrti. To je ono što pevamo. To je ono što učimo. To je ono što radimo prilikom krštenja i Gospodnje večere.

Bez obraćenja, bez nanovog rođenja, ne postoji crkva koju bismo mogli ponovo otkriti. Ako Isus nije umro za naše grehe i ako nije podignut iz mrtvih trećeg dana, nema više nade ni u crkvi ni van nje.

USVOJENI SINOVI I KĆERI

Jednom prilikom, pre mnogo godina, razgovarao sam sa nekim svojim bližnjima o crkvi. Znali su da sam doživeo silno obraćenje kada sam imao petnaest godina. Kada sam se nanovo rodio, sve se promenilo. Upoznao sam Boga u Bibliji i molitvi. Uživao sam da pevam njemu i o njemu. Želeo sam da svi moji prijatelji znaju da mogu biti nanovo rođeni. Ipak, neki od mojih bližnjih nisu to razumeli iako su se trudili. Želeli su da se poistovete sa mnom, pa bi mi rekli svaki put kad bi otišli u crkvu. Znao sam da im crkva ništa ne znači i da samo žele da mi udovolje. Zato sam im rekao da prestanu tamo da odlaze. Konačno ideja koja im se dopala! Pronašli su druge načine da provedu nedeljno prepodne. Samo sam želeo da shvate da sâm odlazak u crkvu nema vrednost ukoliko ne verujete u ono što pevate, čujete i govorite.

Nisam siguran da mogu da vam preporučim da kao strategiju evangelizacije svojim prijateljima kažete da ne idu u crkvu. Međutim, u ovom slučaju je to bilo neophodno, jer su moji bližnji odlazili u crkvu koja nije imala jasno učenje o obraćenju. Vremenom su upoznali drugog pastora, koji ih je pozvao da poveruju u Isusa i da se nanovo rode. Počeli su da idu u njegovu crkvu, gde su se i krstili. Sada već skoro dvadeset godina pripadaju toj duhovnoj porodici.

Obraćenje može da se dogodi i u crkvi i van nje. Može da bude samostalno iskustvo ili iskustvo koje doživite sa svojim prijateljima i vršnjacima. Ipak, njegov rezultat uvek mora da bude vaše povezivanje sa crkvom. Kada Biblija opisuje naše obraćenje kao usvojenje, tada vidimo ovu dimenziju zajednice. Engleski jezik ponekad nije dovoljan da pokaže koliko često Biblija o duhovnom rastu govori u množini: kada kaže vi, često misli svi vi.[2] Jasan primer se može videti u Poslanici Galaćanima 4,4-5: „A kada je došla punoća vremena, Bog je poslao svoga Sina, rođenog od žene, rođenog pod Zakonom, da otkupi one koji su pod Zakonom, da postanemo sinovi." Ovaj prevod koristi muški rod, „sinovi", da pokaže njihov povlašćeni položaj u starom svetu. Međutim, ovo usvojenje se odnosi na sve muškarce i žene koji veruju u Isusa. Kada vas usvoji, kada vam dâ dar vere u svog Sina, Bog vas uvodi u duhovnu porodicu braće i sestara – crkvu.

Posmatrajte to ovako. Prilikom usvojenja dete dobija nove roditelje, ali dobija i novu braću i sestre. Kada postane sin, postaje i brat – stupa u dva nova, različita odnosa. Kada postanete sin, dobijate mesto u porodičnom albumu pored druge dece. To je ono što se dešava prilikom obraćenja. Vaš Otac vas stavlja na porodičnu sliku sa vašom novom rodbinom.

---

2 Engleski jezik koristi istu zamenicu *you* i za drugo lice jednine i za drugo lice množine (*Prim. prev*).

2 KO MOŽE BITI ČLAN CRKVE?

Hajde da pažljivije pogledamo tu porodičnu sliku. Bog je Otac koji nas je „predodredio za usvojenje" (Ef. 1,5). Pre početka vremena sakupio je svoju porodicu iz svih vekova i mestâ. Bog je Sin, naš stariji brat koga je Otac poslao da nas izbavi iz ropstva greha i smrti kako bismo mogli da se pridružimo njegovoj porodici (Rim. 8,15; Gal. 4,4). Bog je Duh koji „svedoči s našim duhom da smo Božija deca" (Rim. 8,16). Prilikom usvojenja porodična slika je slika u pokretu. Tri osobe – Otac, Sin i Sveti Duh – rade zajedno u savršenoj harmoniji za našu dobrobit.

A gde smo mi na slici? Kao sinovi i kćeri, mi smo naslednici sa Hristom (Rim. 8,17; Gal. 4,7). To znači da mi imamo učešća u njegovom nasledstvu (Ef. 1,11, 14).

Šta to podrazumeva? Apostol Pavle nam u Poslanici Kološanima 1,16 kaže da je: „sve kroz njega i za njega stvoreno." Možda vam je tetka bila velikodušna, ali nije mogla da vam ostavi veće nasledstvo od ovog.

Porodice se ne slažu uvek, ali privrženost među članovima pomaže da opstane i nakon konflikta. Zajednička krv ostaje. Isto je i sa crkvom. Pošto smo kroz pokajanje i veru pomireni s Bogom, pomireni smo i jedni s drugima. Hristova krv je u prvoj crkvi premostila podele među paganima i Jevrejima. U poređenju sa današnjim problemima u crkvi, te podele deluju blago. Ali pogledajte kakve promene se dešavaju kroz obraćenje, kada Jevreji i pagani zajedno veruju u evanđelje:

> Stoga, dakle, više niste stranci i došljaci, nego sugrađani svetih i ukućani Božiji, nazidani na temelju apostolâ i prorokâ, a glavni ugaoni kamen je sâm Hristos Isus. U njemu je cela građevina sastavljena

i raste u sveti hram u Gospodu. U njemu se i vi zajedno uziđujete, da postanete Božije prebivalište u Duhu (Ef. 2,19-22).

Kada crkva zajedno uživa u radosti obraćenja, vernici podele među sobom posmatraju iz drugog ugla. Sveti Božiji hram ne može se tako lako srušiti.

ODVOJENI

Jedna od odgovornosti u kojima kao starešina najviše uživam jeste intervjuisanje novih članova. Tokom proteklih otprilike pet godina druge starešine i ja u crkvu smo primili više od hiljadu novih ljudi. To znači da sam čuo mnogo priča o obraćenju. Ne dolazim na te sastanke kako bih propitivao zainteresovane za članstvo, već jednostavno želim da se uverim da su doživeli obraćenje o kojem smo govorili u ovom poglavlju i da mogu da ga objasne nekom drugom ko želi da bude hrišćanin.

Svaka priča je jedinstvena u pogledu uloge u porodici, crkvi ili omladinskoj službi. Neki su se bavili naročito izopačenim gresima. Većina nije. Retko upoznam nekoga ko se na neko vreme nije udaljio od crkve. Vera većine ljudi ne izgleda onako kako je izgledala u porodici u kojoj su odrasli. Volim da slušam ove raznovrsne priče o tome kako Bog usvaja ljude i kako se nanovo rađaju. To mi nikada neće dosaditi.

Ponekad sretnem nekoga ko želi da bude deo naše crkve, ali očito nije nanovo rođen. Desi se da zatražim od te osobe da mi objasni radosnu vest evanđelja o Isusu, ali bude kao da sam zatražio od svog šestogodišnjeg sina da mi objasni Ajnštajnovu teoriju relativiteta. Samo me zbunjeno gleda. Često čujem priču o crkvi, moralnosti i iskušenjima, ali ništa konkretno o grehu i Isusovoj milosti koja spasava. Ništa o prelasku iz smrti u život, iz suda u vaskrsenje.

Ovde gde živim crkve često prihvataju članove koji nisu obraćeni. Retko koja i razume zašto je to uopšte problem. Ipak, Biblija predstavlja obraćenje kao promenu koja odvaja Božiji narod od sveta. To je iskustvo koje menja večnost. To je ono što Stari zavet ponekad naziva „novim savezom". Govoreći u Božije ime, prorok Jeremija je obećao Izraelu: „Staviću svoj zakon u nutrinu njihovog bića i napisati ga na njihovom srcu, i biću njihov Bog, a oni će biti moj narod" (Jer. 31,33). Nešto kasnije, takođe govoreći u Božije ime, prorok Jezekilj je pretpostavio ono što će Isus reći Nikodimu: „Daću vam novo srce i usaditi u vas nov duh. Izvadiću iz vas kameno srce i dati vam srce od mesa. Staviću svoga Duha u vas i učiniti da živite po mojim uredbama i da pomno izvršavate moje zakone" (Jez. 36,26-27).

Ovakvi odlomci ne zamišljaju crkvu kao mesto na kojem se ljudi *uglavnom* trude da budu dobri i *uglavnom* pokušavaju da pomognu jedni drugima, bar kad im je to zgodno. Ne, novi savez prodire do našeg srca. On donosi radikalnu promenu. Čini da se okrenemo od pređašnjeg života i okrenemo se Hristu. Daje nam silu Duha da se pokoravamo zakonu koji je zapisan na našim srcima.

Ne možemo znati pravo duhovno stanje svih članova crkve i ono što veruju u dubini svoje duše. To ipak ne menja biblijsku zamisao za naše crkve – *naum* za to kakva naša praksa treba da bude. Ukoliko ste nanovo rođeni, ukoliko ste se pokajali za svoje grehe i verujete u Isusa, možete pripadati crkvi. Ne morate to da činite iz dužnosti, bez razumevanja ili svrhe, dok kao ja u mladosti sanjarite o budućnosti bez crkve. Kada se obratite, ne možete da ne slavite Boga. Radujete se okupljanju i slavljenju sa drugima koji veruju u Isusa.

Kad već govorimo o okupljanju…

PREPORUČENA LITERATURA
- Keller, Timothy. *Prodigal God: Recovering the Heart of the Christian Faith*. New York: Viking, 2008.
- Lawrence, Michael. *Conversion: How God Creates a People*. Wheaton, IL: Crossway, 2017.

Crkva je grupa hrišćana (poglavlje 2)

koji se okupljaju kao zemaljsko predstavništvo Hristovog nebeskog carstva (poglavlje 3)

da bi objavili radosnu vest i zapovesti Hrista Cara (poglavlje 4),

kroz obrede potvrdili jedni druge kao građane tog carstva (poglavlje 5),

pokazali svetost i ljubav samog Boga (poglavlje 6)

kroz različite ljude koji su ujedinjeni (poglavlje 7)

u čitavom svetu (poglavlje 8)

i koji prate učenje i primer starešina (poglavlje 9).

3
DA LI JE ZAISTA POTREBNO DA SE OKUPLJAMO?

Džonatan Liman

Tokom 2020. i početkom 2021. godine vesti o političkim protestima potresale su Ameriku. Pripadnici političke levice tvrdili su da protestuju zbog svirepog ophođenja policije prema manjinama, dok su pripadnici desnice tvrdili da protestuju zbog ukradenih predsedničkih izbora.

Kada se hiljade građana okupi i protestuje iz političkih razloga, javnost na to obrati pažnju. Pojave se novinari. Uključe se kamere. Političari daju intervjue. Ljudi su prikovani za telefone, otvarajući link za linkom. Onda, kada prođe nekoliko nedelja, legislatura ponekad donese novi zakon. Javne agencije ponekad uvedu novu politiku. Ponekad se svest javnosti malo promeni.

Grupe ljudi su moćne, ne samo zbog onoga što se dešava kada se grupa okupi, već i zbog onoga što ona tom prilikom *postaje*. Ljudi u grupi mogu da postanu pokret. Sila. Začetak promene u svetu, nabolje ili nagore. Celina je više od skupa svojih delova.

Nije začuđujuće što akademici pišu knjige o psihologiji mase. Ljudi se pojave sa svojim željama ili žalbama, osvrnu se oko sebe, vide glave kako klimaju u znak odobravanja i čuju usklike istomišljenika. Pojedinci otkriju da nisu sami. Njihove želje rastu. Ponekad čak budu podstaknuti i na delanje, da grade ili ruše.

Šta je to što okupljanjima daje toliku moć? Činjenica da su ljudi fizički *zajedno*. Vidite. Čujete. Osećate. Za razliku od slučaja kada nešto gledate na ekranu, a fizički ste odvojeni od toga što gledate, na okupljanju vas ljudi doslovno okružuju. Oni tada potpuno određuju vašu stvarnost. Bog nas je stvorio kao dušu i telo i nekako je, na misteriozan način, povezao to dvoje kako bi ono što utiče na telo uticalo i na dušu. Kada smo sa drugim ljudima, doživljavamo ono što oni vole, mrze, sve ono čega se boje i ono u šta veruju, a naš osećaj za *ono što je normalno* i *ono što je ispravno* veoma je podložan promeni. Brzo usvojimo ljubav, mržnju, strah i uverenja mase. To nije iznenađujuće. Bog nas je stvorio kao bića koja „odražavaju" (Post. 1,26-28). Stvorio nas je da odražavamo njegovu pravednost, ali mi smo izabrali da odražavamo druge stvari. Na taj način se stvaraju kulture. Odražavamo, podražavamo ili preslikavamo ono što rade ljudi oko nas, bilo to dobro ili loše. Okupljanje samo ubrzava taj proces.

Međutim, moć mase ne utiče samo na ljude koji je sačinjavaju. Utiče i na posmatrače. Možda ste nekada šetali parkom, videli okupljenu masu i okrenuli glavu u tom pravcu. Zapitali ste se: *Šta se to tamo događa?* Pa ste prišli bliže i osmotrili. Zašto? Jer ste se zapitali da li se dešava nešto što ne želite da propustite – nešto važno ili uzbudljivo.

Ili ste na svom telefonu videli obaveštenje: „Dvesta hiljada ljudi okupilo se u Vašingtonu na protestu." Pomislili ste: *Čoveče, ovo zvuči važno*, i kliknuli na link.

Okupljanja menjaju živote i kulture, pa čak i svet. Tolika je njihova moć.

CRKVE SE OKUPLJAJU I JESU OKUPLJANJA

Baš kao i politički protesti, i crkvena okupljanja oblikuju ljude. Oblikuju svakog pojedinca, ali oblikuju nas i kao celinu, pa postajemo kultura, sila, pokret. Tako postajemo Božiji grad. I baš kao protesti, crkvena okupljanja predstavljaju svedočanstvo koje može da vidi ceo svet. Crkveno okupljanje svedoči svetu da smo stanovnici neba. Ljudi iz sveta se zapitaju: *Šta se to tamo događa?*

Jedan naš prijatelj koji je pastor nedavno je primetio da je, nakon što se karantin zbog kovida 19 završio, njegova crkva ponovo otkrila do koje mere je okupljanje „duhovno". Iskoristio je baš tu reč: „duhovno". U pravu je, naša okupljanja jesu duhovna. Ipak, iako zvuči pomalo kontradiktorno, duhovna su, barem delimično, upravo zato što su fizička.

Božija namera je oduvek bila da se njegov narod fizički okuplja s njim. Zbog toga je stvorio Adama i Evu u fizičkim telima i šetao s njima po Edenskom vrtu. Izgnao ih je iz svog prisustva tek kada su sagrešili.

Bog je zatim okupio Izraelce u Obećanoj zemlji i rekao im da se redovno sastaju u hramu u kojem je prebivao (v. 5. Mojs. 16,16; 31,10-12, 30). I oni su sagrešili, pa ih je Bog izgnao iz zemlje.

Utelovljenje je verovatno najjasniji dokaz da Bog želi da se sastaje sa svojim narodom. Božiji Sin je postao telo. Onaj koji je bio *sa* Bogom i koji je Bog (Jn. 1,1-2) postao je telo kako bi mogao da bude *sa* nama (Jn. 1,14). On je obećao da će izgraditi crkvu – reč koja u doslovnom prevodu znači „skup" (Mt. 16,18).

Možda se nikada niste zapitali zašto je Isus izabrao baš reč „crkva". Jevreji Isusovog vremena okupljali su se u sinagogama, ali Isus nije upotrebio reč „sinagoga". Upotrebio je reč „crkva". Zašto? Možemo da odgovorimo na to pitanje sagledajući biblijsku priču unapred i unazad. Kada je sagledamo unazad, vidimo da su proroci najavili da će Isus sakupiti narod koji je raštrkan tokom izgnanstva (v. Joil 2,16). Kada je sagledamo unapred, razumemo da je Isus želeo da ovi skupovi – crkve – očekuju konačni skup gde će Bog ponovo prebivati sa svojim narodom: „Evo, Božiji šator je sa ljudima i Bog će prebivati među njima" (Otk. 21,3; v. i 7,9 i dalje).

Kada se okupe, naše crkve predstavljaju Božiju prisutnost među ljudima – mesto gde nebo silazi na zemlju. „Jer, gde je dvoje ili troje okupljeno u moje ime, tamo sam ja među njima" (Mt. 18,17, 20). To se ne događa na internetu ili u našem umu. To se događa „kada se sastanete u crkvi." Poslužio sam se Pavlovim izrazom, izrazom koji govori da, sa jedne strane, crkva nije crkva dok se ne sastane (1. Kor. 11,18).

Ponekad ljudi vole da kažu da je „crkva narod, a ne mesto". Ipak je tačnije reći da je crkva narod okupljen na jednom mestu. Redovno okupljanje ili sastajanje crkvu čini crkvom. To ne znači da crkva prestaje da bude crkva kada narod nije okupljen, isto kao što fudbalski „tim" ne prestaje to da bude kada članovi ne igraju zajedno. Suština jeste da je redovno okupljanje potrebno crkvi da bi bila crkva, kao što je članovima tima potrebno da zajedno igraju kako bi bili tim.

Isus je hrišćanstvo uredio na taj način. On želi da središte hrišćanstva bude redovno okupljanje, viđanje sa drugim vernicima i ljubav prema njima. Kada hrišćani stoje rame uz rame, kada dišu isti vazduh, kada zajedno podignu glas u pesmi, kada čuju istu propoved, kada dele jedan hleb (v. 1. Kor. 10,17), tada se dešavaju duhovne stvari. Pogledate oko sebe i pomislite: *Nisam sam u ovoj veri. Šta bismo mogli da učinimo zajedno?*

To je mnogo teologije, ali ona sa sobom nosi jednu lekciju. Objašnjava zbog čega pisac Poslanice Jevrejima piše:

> Pazimo na to da jedan drugoga podstičemo na ljubav i dobra dela. Ne propuštajmo svoje sastanke, kao što neki imaju običaj, nego bodrimo jedan drugoga – utoliko više ukoliko vidite da se približava Dan.
>
> Jer, ako namerno grešimo pošto smo spoznali istinu, onda više nema žrtve za greh, nego samo strašno iščekivanje Suda i žestine ognja koji će proždreti Božije protivnike (Jev. 10,24-27).

Kada se okupljamo, jedni druge podstičemo na ljubav i dobra dela. Ohrabrujemo jedni druge. Obratite pažnju na piščevo upozorenje: ako nastavimo da grešimo ne čineći ove stvari – uključujući i to da se ne okupljamo – treba da očekujemo Božiji sud. To je strašno! Bog ovo shvata veoma ozbiljno.

Suština nije da vas odlazak u crkvu *čini* hrišćaninom. Suština je da je odlazak u crkvu ono što hrišćani rade. To pokazuje da je Hristov Duh u nama i da zbog toga želimo da budemo sa Hristovim narodom.

OKUPLJENI OKO BOŽIJE REČI

U prethodnom poglavlju ispričao sam kako sam se preselio u Vašington i kako sam od čoveka koji ne ide u crkvu postao čovek koji tamo odlazi triput nedeljno. Pre toga sam izbegavao Božiji narod, čak sam se pomalo stideo da budem viđen u njihovom društvu. Međutim, odjednom sam, iz nekog čudnog razloga, *želeo* da budem sa njima. Svake nedelje sam se radovao boravku u crkvi.

Šta je izazvalo ovu promenu? Najvažnije je bilo to što sam želeo da čujem kako mi Bog govori. Na kraju krajeva, *to je ono* po čemu se crkvena okupljanja razlikuju od političkih protesta i ostalih okupljanja: okupljamo se oko samih Božijih reči: „Neprestano zahvaljujemo Bogu i zato što ste Božiju reč, kada ste je primili pošto ste je od nas čuli, prihvatili ne kao ljudsku reč, nego onakvu kakva ona zaista jeste: kao Božiju reč, koja deluje u vama koji verujete" (1. Sol. 2,13). Prilikom crkvenog okupljanja Bog govori, a građani planete zemlje mogu da čuju njegovu Reč i budu svedoci tome kako se, okupljen oko nje, uzdiže jedan narod. Pavle obećava da će nevernici koji uđu na to okupljanje spoznati svoj greh, da će tajne njihovog srca biti otkrivene i da će pasti ničice i slaviti Boga, uzvikujući: „Bog je zaista među vama" (v. 1. Kor. 14,24-25).

ISKUŠENJE DA SE NE OKUPLJAMO
Pandemija virusa kovid 19 predstavljala je izazov za crkve širom sveta upravo zato što su, na mnogim mestima, vernici imali poteškoće da se okupljaju i zajedno uče iz Božije reči. Nakon nekoliko meseci kovida 19 tokom kojih se nismo okupljali činilo mi se da gubim pojam o svojoj crkvi. Prijatelji bi me pitali: „Kako je u crkvi?", a meni je bilo teško da odgovorim. Redovno sam članove crkve zvao telefonom i slao im poruke, ali svojim umom nisam mogao da obuhvatim čitavo telo. Imao sam osećaj da je crkva kišnica

3 DA LI JE ZAISTA POTREBNO DA SE OKUPLJAMO?

na parkingu nakon oluje – da se razliva, ostavljajući za sobom pokoju baricu.

Kao starešine, najviše smo bili zabrinuti za duhovno slabe članove koji se bore sa svojom verom ili se suočavaju s određenim iskušenjima. Brinuli smo za one koji su se i ranije duhovno udaljavali, za one koji su jednom nogom već bili u svetu.

Međutim, to što se nismo okupljali uticalo je na sve – i na duhovno zrele i na duhovno nezrele. Svakom od nas je potrebno da se redovno viđa i čuje sa drugim vernicima. U suprotnom, lako krenemo za načinom života svojih kolega, prijatelja ili televizijskih ličnosti.

Kada je pandemija počela, mnoge crkve su obezbedile prenos preko interneta, a mnogi glasovi zalagali su se za „virtuelne crkve". Pastori koji su se ranije protivili ovoj ideji sada su pokrenuli „virtuelne kampuse" i na njima zapošljavali pastore sa punim radnim vremenom, obećavajući da će kampusi do daljnjeg nastaviti s radom. Neki su govorili da je to veliki napredak u istoriji sprovođenja Velikog poslanja.

Međutim, moramo postaviti pitanje: Šta se dešava kada se vaše „crkveno" iskustvo svodi na sedmični prenos preko interneta? Za početak, manje razmišljate o ostalim članovima. Ne dolaze vam u misli. Ne desi se da sa njima kratko porazgovarate i da se taj razgovor produži i tokom večere. Pored toga, više se ne nalazite na putu ohrabrenja, odgovornosti i ljubavi.

Hvala Bogu što biblijske istine možemo da „preuzmemo" i sa interneta, ali hajde da mu zahvalimo što je hrišćanski život više od puke razmene informacija. Kada je crkva samo virtuelna, ne možemo da osetimo, doživimo i budemo svedoci istinama koje postaju opipljive u Božijoj porodici, istinama koje jačaju našu veru i stvaraju odnose ljubavi među braćom i sestrama.

Razmislite o sledećem. Možda se čitave nedelje borite sa skrivenom mržnjom prema nekom bratu, ali onda vas njegovo prisustvo za Božijom trpezom povede do spoznanja greha i pokajanja. Borite se sa sumnjom prema nekoj sestri, ali onda je vidite kako peva istu pesmu slavljenja kao vi i osetite toplinu u srcu. Borite se sa nervozom zbog događaja na političkoj sceni vaše zemlje, ali onda propovednik kaže kako će Hristos doći da donese pobedu i osvetu, čujete kako ljudi oko vas uzvikuju „Amin" i setite se kako pripadate nebeskom narodu koji je povezan savezom nade. U iskušenju ste da svoje borbe zadržite za sebe, ali onda vam za ručkom stariji par postavi nežno, ali direktno pitanje – „Kako si *zaista*?" – i tada se otvorite.

Ništa od ovoga ne možemo doživeti u virtuelnom svetu. Bog nas je stvorio kao fizička i društvena bića. Hrišćanski i crkveni život u konačnici ne možemo preuzeti sa interneta. Njega vidimo, čujemo, pratimo, u njega ulazimo. Pavle je zbog toga upozorio Timoteja da čuva svoj život i doktrinu, jer su suštinski važni, kako za njegovo lično spasenje, tako i za spasenje njegovih slušalaca (1. Tim. 4,16).

Nije iznenađujuće što popularnost virtuelne ili internet crkve raste. Praktična je i – iskreno govoreći – pruža vam mogućnost da izbegnete neprijatne odnose. Razumemo to; iskušenje je snažno. Dok još nisam bio oženjen, preselio sam se u drugi grad. Nisam imao crkvu i nikoga nisam poznavao. Nekoliko dana nakon što sam stigao, jedna misao mi je prošla kroz glavu: *Mogu da izađem i radim štogod poželim. Nema nikoga ko može da me vidi, čuje ili da me nešto pita. To je baš lepo.* Na sreću, Duh me je odmah prekorio: „Znaš odakle dolazi ta misao. Ne, to nije impuls koji treba da slediš." Kakva milost! Duh je u milosti prekorio moje srce tog dana. Ipak, obratite pažnju na lekciju: on najčešće koristi braću i sestre u crkvi kako bi nam pomogao da se odupremo nepromišljenosti i iskušenju.

Da, okupljanje sa crkvom može biti neprijatno, ali i ljubav je takva. Odnosi su nezgodni, ali i ljubav je. Otvoreni razgovori su strašni. I ljubav je.

Bojimo se da je kretanje prema virtuelnoj crkvi kretanje prema individualizaciji hrišćanstva. Koliko je mudro koristiti takvu alatku u hitnoj situaciji kao što je pandemija podložno je raspravi. Tokom Drugog svetskog rata crkve u priobalnim gradovima Sjedinjenih Država nisu mogle da se sastaju zbog zatamnjivanja[1] koje je nametnula vlada. To je u redu. Ipak, nametanje virtuelne crkve kao trajnog rešenja, čak i iz dobre namere, nije dobro za hrišćansko učeništvo. To nagoni hrišćane da gospodare sopstvenom verom. Uči ih da mogu da slede Isusa kao članovi „Božije porodice" u nekom apstraktnom smislu, ali ih ne uči šta znači biti deo porodice i za nju podnositi žrtve.

Zbog toga bi pastori trebalo da podstiču vernike da se drže dalje od „virtuelne" crkve koliko god je to moguće. Nedavno sam rekao ostalim starešinama: „Braćo, moramo pronaći blag način da podsetimo svoje članove kako opcija internet prenosa nije dobra za njih. Nije dobra za njihovo učeništvo i nije dobra za njihovu veru. Želimo da im to bude jasno, da ne bi postali lenji i da bi se trudili da dolaze na okupljanja, ukoliko je to ikako moguće." Biblija kaže da okupljanje ne treba da bude teret (v. Jev. 10,25; 1. Jov. 5,3), već da služi za dobrobit naše vere, ljubavi i radosti.

---

[1] Tokom Drugog svetskog rata američka vlada je donela odluku da noću sva vrata i prozori na kućama budu pokriveni teškim zavesama i materijalima, kako bi neprijatelji imali smanjenu vidljivost tokom bombardovanja (*Prim. prev.*).

NEBESKA AMBASADA

Započeli smo ovo poglavlje poredeći okupljanje crkve sa protestom, ali postoji još bolja metafora koja će nam dati dobru osnovu za naredna poglavlja. Okupljene crkve su *nebeske ambasade*.

Ambasada je zvanično predstavništvo jedne države u okviru granica druge države. Ona pregovara za određenu stranu državu i predstavlja njenu vladu. Na primer, ukoliko posetite Vašington, možete da prošetate ulicom Embasi Rou, u kojoj, jedna do druge, stoji ambasada za ambasadom. Videćete japansku zastavu i ambasadu, zatim zastavu i ambasadu Ujedinjenog Kraljevstva, zatim italijansku, onda i finsku. Svaka ambasada predstavlja određeni narod sveta i njegovu vladu. Kada biste ušli u jednu od njih, čuli biste strani jezik države koju predstavlja. Među zaposlenima biste osetili njihovu kulturu. Ukoliko biste otišli na večeru koju organizuje ambasada, probali biste njihove specijalitete. Ukoliko biste se ušunjali u njihove kancelarije, pretpostavljam da biste saznali nešto o njihovim diplomatskim odnosima.

Šta je okupljena crkva? Ona je nebeska ambasada. Kada uđete u svoju ili našu crkvu, šta bi trebalo da vidite? Potpuno drugačiji narod – saputnike, izgnanike, građane Hristovog carstva. Tamo ćete čuti kako se objavljuju reči nebeskog Cara. Čućete nebeski jezik vere, nade i ljubavi. Kroz Gospodnju večeru osetićete predukus nebeske gozbe koja će se odigrati na kraju vremena i shvatićete diplomatske odnose kada budete pozvani da svom i svakom drugom narodu donesete evanđelje.

I ne samo to, trebalo bi da osetite začetak nebeske kulture. Nebeske građane u ovoj ambasadi odlikuje siromaštvo duha i krotkost. Gladni su i žedni pravednosti, jer slede Hrista. Imaju čisto srce. Oni su mirotvorci koji okreću drugi obraz, čine i više nego što treba i daju vam svoju košulju i svoju jaknu ako im to zatražite. Neće čak ni požudno pogledati ženu, a kamoli učiniti preljubu; neće mrzeti, a kamoli počiniti ubistvo.

Isus nije od Ujedinjenih nacija, Vrhovnog suda Sjedinjenih Američkih Država ili katedre za filozofiju Oksfordskog univerziteta tražio da ga predstavlja ili objavi njegov sud. On je to zatražio od poniznih, krotkih, od „onih što nisu" (1. Kor. 1,28). On je to zatražio od vaše i naše crkve.

Nažalost, naše crkve ne objavljuju i ne odražavaju nebo na ispravan način. Razočaraćemo vas i reći ćemo bezosećajne stvari. Čak ćemo i zgrešiti protiv vas. Naše zajednice su samo simboli i slika buduće, nebeske zajednice, baš kao što su hlepčići koje jedemo tokom Gospodnje večere simboli velike nebeske gozbe. Oni nisu ono pravo. Ipak, težimo da vam pokažemo suštinu neba i otkrijemo ko je Hristos. On nikada ne greši i neće vas razočarati. Dobra vest je da grešnici poput vas mogu da postanu deo ove ambasade, ukoliko priznaju svoje grehe i slede ga.

PREPORUČENA LITERATURA
- Kim, Jay Y. Analog Church: *Why We Need Real People, Places, and Things in the Digital Age.* Downers Grove, IL: InterVarsity Press, 2020.
- Leeman, Jonathan. *One Assembly: Rethinking the Multisite and Multiservice Model.* Wheaton, IL: Crossway, 2020.

Crkva je grupa hrišćana (poglavlje 2)

↓

koji se okupljaju kao zemaljsko predstavništvo
Hristovog nebeskog carstva (poglavlje 3)

↓

**da bi objavili radosnu vest i
zapovesti Hrista Cara (poglavlje 4),**

↓

kroz obrede potvrdili jedni druge kao
građane tog carstva (poglavlje 5),

↓

pokazali svetost i ljubav samog Boga (poglavlje 6)

↓

kroz različite ljude koji su ujedinjeni (poglavlje 7)

↓

u čitavom svetu (poglavlje 8)

↓

i koji prate učenje i primer starešina (poglavlje 9).

4
ZAŠTO SU PROPOVEDANJE I UČENJE SUŠTINSKI VAŽNI?

Kolin Hansen

Šta propovedniku daje za pravo da najmanje jednom sedmično pola sata tvrdi da govori u Božije ime? Čak se ni predsednik Sjedinjenih Država ne hvali da ima takav autoritet. Niko ne smatra da nastavniku matematike ili profesoru književnosti pripada takva privilegija. I na koliko uopšte jednostranih monologa nailazimo ovih dana? Ta putujuća zabava antičkog sveta, koja je nekada bila popularna, teško da bi danas privukla masu u bilo kom gradu na svetu, a kamoli utabala put unosnoj karijeri u javnom govorništvu.

Propovednici ne crpe svoj autoritet iz velikog znanja, političke moći ili retoričkog umeća. Oni dobijaju autoritet iz same Božije reči. „Propovedaj reč", rekao je Pavle mladom učeniku Timoteju, pastoru crkve u Efesu, „spreman i u vreme i u nevreme, uveravaj, prekorevaj, bodri, sa svom strpljivošću i poukom" (2. Tim. 4,2).

Propovednici nemaju autoritet kada ocenjuju najnoviju seriju na Netfliksu. Nemaju autoritet ako vam je potrebna preporuka za restoran. Nemaju autoritet ako dele sa vama svoje mišljenje o teoriji zavere koju su videli na Fejsbuku. Mogu da podele neke dobre, interesantne i vredne misli na određenu temu. Možda imaju dobar savet ukoliko vam je, na primer, potrebna pomoć da nađete posao. Međutim, kada propovedaju Reč, crpe poseban autoritet kako bi govorili u Božije ime.

Niko nije bolji propovednik od Isusa i niko ne može da propoveda bolju poruku od njegove Propovedi na gori. Njena istina i sila i danas menjaju živote i pokreću nas. I na prvobitne slušaoce uticala je drugačije od onoga što su obično imali priliku da čuju od učiteljâ zakona. Matej nam kaže: „Kada je Isus završio svoju besedu, narod se divio njegovom učenju, jer ih je učio kao onaj koji ima vlast, a ne kao njihovi učitelji zakona" (Mat. 7,28-29). Učitelji zakona bili su zvanični učitelji u Izraelu. Zašto onda narod nije poštovao njihov autoritet? Bilo je to zato što su propovedali sopstvene misli. Dodavali su svoje zakone Božijim zakonima. Pošto je bio Bog, Isus je poučavao sa vlašću onoga ko je savršeno napisao zakon i ko mu se savršeno pokoravao.

Dok ponovo otkrivamo crkvu, potreban nam je božanski autoritet, a ne puka ljudska mudrost. Danas imamo i više nego dovoljno ljudske mudrosti. Nikada nismo imali pristup tolikom broju tema. Knjige samopomoći zauzimaju najbolja mesta na bestseler listama. Podkasti vam obećavaju da ćete postati bolja verzija sebe. Internet je bezgraničan. Stoga crkva koja nudi ljudsku mudrost nailazi na opasnu konkurenciju. Zašto slušati lokalnog pastora kad možemo da se prijavimo na Jutjub kanal? Zašto se buditi rano nedeljom ujutro kad možemo da gledamo vesti u kojima su moćni političari?

4 ZAŠTO SU PROPOVEDANJE I UČENJE SUŠTINSKI VAŽNI?

Budimo se rano i odlazimo u crkvu svake nedelje, jer je to mesto na kojem čujemo reči nebeskog Cara – njegovu radosnu vest i njegov naum za naš život. Da, čujemo njegov glas svaki put kada otvorimo Bibliju, ali na nedeljnom sastanku možemo to činiti *zajedno*. U crkvi *zajedno* postajemo narod. Zato su propovedanje i učenje neizostavni deo naših nedeljnih sastanaka. Kada postavimo Božiju reč u središte svojih sastanaka, tada gajimo nebesku kulturu koja nas odlikuje kao poseban narod i možemo biti so i svetlo u svojim gradovima i državama.

Duh vam pomaže da prepoznate božansku mudrost kada je čujete. Ta mudrost nije poput ljudske mudrosti današnjih samoproglašenih učitelja zakona koji se često mogu naći na društvenim mrežama i u bestselerima. Propovednikov autoritet obuhvata sve što je Bog rekao, ali tome ništa ne dodaje. Propovednici ponekad kažu previše ili premalo. Božija reč treba da bude osnova propovedi, ali i da joj postavi granice.

Mark Dever često poredi posao pastora sa poštarskom službom. Poštar ne radi tako što dođe da vaših vrata, otvori vašu poštu, zapiše još nekoliko rečenica, ponovo zatvori kovertu i tek onda ubaci pismo u sanduče. Poštar jednostavno donosi poštu.

Isto je i s propovednikom. Reč nam pomaže da prepoznamo njegov stvarni autoritet. On ima autoritet da donese poštu. Ništa više od toga.

Različiti gurui koji vam pomažu da postanete bolji nemaju autoritet, jer im je u interesu da vam kažu ono što želite da čujete – u suprotnom nećete kupiti njihov proizvod ili se pretplatiti na njihov program. Takvi učitelji dodaju svoje misli Božijoj reči i tvrde da imaju autoritet koji im ne pripada. Žele da učine da osećate krivicu zbog stvari koje ne proizlaze iz Pisma. Pokušaće da vam kažu s kim da se zabavljate, za koga da glasate, u koju školu da upišete decu ili kakva odeća odražava pobožnost. U svemu tome će možda zaista pokazati mudrost, ali ne smemo izjednačiti dobre savete i božanski autoritet. Propoved nije mesto za ljudska razmišljanja, već za božansku silu.

OVAKO KAŽE GOSPOD

Kroz čitav Stari zavet proroci ponavljaju isti refren: „Ovako kaže Gospod." Oni su imali autoritet, jer im je Bog poverio svoju poruku. Govorili su u njegovo ime. To znači da proroci nisu uvek govorili ono što je narod hteo da čuje. Zapravo, često se dešavalo da carevi kazne proroke kada im se ne dopadne ono što imaju da kažu.

Na primer, car Cidkija je naredio da Jeremiju bace u čatrnju i ostave ga tamo da umre od gladi (v. Jer. 38,9). Zašto je car to učinio? Jeremija je rekao Jevrejima u Jerusalimu da će ih ako ostanu u gradu Haldejci pobiti. Naravno, bio je u pravu, ali to nije bilo ono što su car i njegovi vojni zapovednici želeli da čuju. Ta vest je nepovoljno uticala na raspoloženje naroda (stihovi 2-4). Okrivili su glasnika kako ne bi morali da se povinuju poruci. Više su voleli proroke koji su govorili utešne laži. Bog, sa druge strane, ne voli laž: „Evo, nahraniću ih pelenom i napojiti žučnom vodom, jer se od jerusalimskih proroka iskvarenost raširila po svoj zemlji" (23,15).

Kroz svog proroka Jezekilja Bog je prekorevao vođe, ili Izraelove „pastire", jer su lagali narod koji je trebalo da štite: „Teško pastirima Izraelovim, koji se staraju samo o sebi! Zar pastiri ne treba da napasaju stado? Jedete loj, oblačite se u vunu i koljete najbolje ovce, a ne napasate stado" (Jez. 34,2-3).

Izraelova iskustva nas upozoravaju da smo, trudeći se da ponovo otkrijemo crkvu, skloni da tražimo vođe koje nam govore samo ono što želimo da čujemo. A vođe dolaze u iskušenje da narodu pruže ono što želi, jer je na taj način lakše zaraditi za život. Ponekad propovednici zvuče kao hrabri govornici istine kada strogo osuđuju ljude izvan svojih crkava. Iako zvuče hrabro, nikada ne prekorevaju ljude od kojih žive.

Zapravo, to je možda najveći izazov sa kojim se suočava većina propovednika. Kako mogu da propovedaju Bibliju i samo Bibliju, a da ne uvrede mnogo ljudi? Kako mogu da kažu teške i istinite stvari ljudima od kojih im zavise prihodi i koji bi njih i njihovu porodicu mogli da uklone iz svojih zajednica?

PROPOVEDAJTE REČ SEBI

S obzirom na izazove sa kojima se susreću propovednici, važno je da mi ostali budemo voljni da čujemo i povinujemo se Reči, čak i onda kada nam se ne dopada ili kada se isprva s njom ne slažemo. Dok ponovo otkrivate crkvu, tražite propovednike koji neće učiniti da zavisite od njih u otkrivanju skrivenih biblijskih istina, već koji će vam pokazati kako da sami sebi propovedate Reč.

Najbolji propovednici ne izazivaju u vama divljenje svojim veštinama. Oni vam pokazuju Božiju slavu onakvom kakva je prikazana u njegovoj Reči. Kada spoznate Boga na taj način, želećete da saznate sve što se o njemu može saznati. Sve više ćete biti željni čitanja Reči i želećete da je primenite na svoj život. Tada ćete ući u svojevrstan začarani krug. Što vam propovednici više pomažu da upoznajete i volite Božiju reč, to ćete više sami razvijati tu potrebu i bolje ćete umeti da prepoznate ispravnu propoved.

Odnos između propovednika i članova crkve ključan je za svaku zdravu crkvu, jer u crkvi nikada ne postoji samo jedan učitelj. Svi smo pozvani da u određenoj meri druge poučavamo Reči. Na primer, sve starešine, a ne samo propovednik, moraju biti „sposobni da pouče", jer je to deo njihove službe (1. Tim. 3,2). Roditelji uče svoju decu Božijoj reči (5. Mojs. 6,7). Starije žene uče mlađe žene (Tit. 2,3-5).

Razmišljajte o delovanju Reči u crkvi kao o četiri faze: (1) propovednik donosi Reč čitavoj crkvi; (2) članovi crkve odgovaraju tako što primaju Božiju reč u svoja usta i srca kroz pevanje i zajedničke molitve; (3) svi članovi crkve propovedaju Reč sami sebi; i (4) različiti članovi crkve uče jedni druge i mlađe generacije Božijoj reči. To znači da je, u određenoj meri, uloga svakog člana crkve da bude i učenik i učitelj Reči.

Kada imaju ovakav pogled na Reč, crkve mogu da se odbrane od jednog od najčešćih problema današnjice, koji su biblijski pisci očekivali i sa kojim su se i sami borili. Pavle je rekao Timoteju da upozori Efesce „da se ne zanose izmišljotinama i beskonačnim rodoslovima. To sve više pogoduje prepirkama nego Božijem poretku, koji se ostvaruje verom" (1. Tim. 1,4). U drugom pismu Timoteju Pavle upozorava na sličan način: „Jer, doći će vreme kada ljudi neće podnositi ispravno učenje, nego će u skladu sa svojim požudama sebi nagomilavati učitelje da im govore ono što prija njihovim ušima, pa će uši okrenuti od istine i prikloniti se izmišljotinama" (2. Tim. 4,3-4). Vidimo, dakle, da će crkva usredsređena na Reč biti manje zainteresovana za „svoje požude" i prepirke koje imaju obličje znanja, ali zapravo ukazuju na bezumnost. Pavle bi možda mislio da je sam Satana stvorio internet kao alatku da stalnim prepirkama odvuče pažnju crkvama.

Razmislite o jedinstvenom izazovu sa kojim se danas susreću

propovednici. Propovednik će ove nedelje možda dobiti četrdeset pet ili čak šezdeset minuta vaše pažnje. Naravno, ako je ne odvuku deca, pospanost ili poruke koje vam stižu dok pokušavate da slušate propoved od kuće. Sa druge strane, društvene mreže, videi i podkasti oduzimaju svaki slobodan trenutak od posla, vožnje i spavanja. Nije ni čudo što imamo osećaj da naše crkve ne mogu da se slože! Nisu svakoj crkvi prioritet iste stranice Pisma. Crkve koje će nakon kovida 19 izaći kao najjače biće one koje su napravile razliku između propovedanja Božije reči u sili i bezbroj drugih reči koje se bore za našu kratkotrajnu pažnju.

ŠTA JE DOBRA PROPOVED?

Dok ponovo otkrivate crkvu, možda ćete se susresti sa različitim stilovima i dužinama propovedi. U Bibliji nećete naći nikakve jasne formule. Bog je nadahnuo čitavu Bibliju, ali ipak možete da osetite da različiti pisci imaju različite naravi. Pavle ne zvuči kao Petar, a Petar ne zvuči kao Jovan. Možda najviše volite propovedi ispunjene jakim emocijama. Možda više volite propovedi koje obiluju navodima iz hebrejskog i grčkog. Bog može da iskoristi bilo koji ili oba ova pristupa u okviru iste propovedi kako bi nas doveo do ljubavi i pokornosti.

Ponekad možete čuti propovednike kako se spore oko toga da li propovedanje treba da bude tematsko ili ekspozicijsko. Neke situacije možda iziskuju tematsku propoved na temu predstojećih izbora, globalne pandemije ili rasne netrpeljivosti, što su samo neke od tema koje su nedavno bile značajne. Ipak, suviše veliki broj tematskih propovedi predstavlja rizik da sruši propovednikov autoritet tako što će ga dovesti u iskušenje da izmeni biblijsko značenje kako bi preneo svoje mišljenje. Mi verujemo da je bolje crkvu redovno hraniti ekspozicijskim propovedima koje *otkrivaju* tekst tako što suština biblijskog odlomka postaje suština poruke. Kao što su mnogi propovednici rekli, Pavle nije zapovedio propovednicima da samo propovedaju, već da propovedaju Reč.

Propovedanje koje se nedelju za nedeljom po redu kreće kroz biblijske stihove i poglavlja takođe dopušta Bogu, a ne propovedniku, da postavi svoj poredak. Setite se da je propovednik poštar koji donosi poštu. „Ove nedelje saznaćemo šta Bog ima za nas u prvom poglavlju Poslanice Rimljanima, sledeće nedelje u drugom poglavlju, a zatim u trećem." Kada na ovaj način čujemo Bibliju, otkrivamo da se Božiji poredak ne poklapa u potpunosti sa našim. U Poslanici Rimljanima se, na primer, mogu naći teme o kojima propovednik ne želi da propoveda, ali koverat stoji ispred njega – Božije pismo koje čeka da bude otvoreno.

Na kraju krajeva, čiji poredak zapravo želimo – sopstveni ili Božiji? Njegovi putevi su viši i bolji (Is. 55,9). Trebalo bi da pratimo njegove uredbe, a ne uredbe sveta. Dešava se nešto posebno dok slušate kako Duh govori kroz Božiju reč kada, gledano spolja, propovednik jednostavno nastavlja tamo gde je prošle nedelje stao.

Kada ponovo otkrijete crkvu, verovatno ćete se takođe susresti sa debatom o snimljenim propovedima i propovedima uživo. Pre mnogo godina razgovarao sam sa jednim naročito darovitim propovednikom. U nekom drugom životu bi sigurno bio uspešan komičar. Zapravo, on i jeste proučavao komičare kako bi naučio kako da angažuje publiku tokom propovedanja. Takođe je razumeo biblijske i teološke koncepte i na kreativan način je umeo da ih objasni skeptičnim slušaocima. Njegova crkva se proširila na nekoliko lokacija širom regiona, pa čak i države, tako što su se njegove snimljene propovedi prenosile umesto lokalnih propovedi uživo. Nikada neću zaboraviti njegovo objašnjenje. Rekao je da nema smisla ljudima davati propovednika B kategorije kad mogu da imaju propovednika A kategorije, kakav je on. Da je njegov cilj bio da stekne veliki broj sopstvenih pratilaca, ne bih ništa mogao da mu zamerim.

Međutim, kada sam kasnije o tome razmišljao, shvatio sam da je njegov argument suviše uopšten. U scenariju koji je spomenuo, nije se takmičio samo sa mlađim pastorima i pripravnicima. Takmičio se sa svim drugim propovednicima, živim i mrtvim. Zašto ne puštati snimke propovednika A+ kategorije, kao što je Bili Grejem? Zašto crkve širom engleskog govornog područja ne bi unajmile glumca da izvede najbolje propovedi Čarlsa Sperdžena? Možda bismo mogli da organizujemo žreb sličan onom na fudbalskim koledž turnirima i tražimo od hrišćana da, rundu za rundom, glasaju za svog omiljenog propovednika, dok ne dođemo do jednog koji bi vladao nad svima. Onda više nikad niko ne bi morao da sluša propovednika B- (ili lošije) kategorije. Dobijali bismo samo najbolje – kada bi Bog mislio da je to najbolje za nas.

Ali nije. Najbolji propovednik za vas je propovednik koji je veran Božijoj reči. Još je bolji ako je spreman da sa vama popije kafu ili vas poseti u bolnici. Postoji razlog što se svaka služba ne sastoji samo od zajedničkog čitanja Biblije. Kroz posredničku ulogu i iskustvo učitelja, propovedanje donosi autoritet Božije reči na trenutne okolnosti i određene lokalne i lične potrebe. Čovek kojeg sam spomenuo možda jeste bolji propovednik od vašeg, ali vaš propovednik bolje poznaje vašu crkvu, a to je veoma važno za način na koji vi i vaša zajednica primenjujete Bibliju.

Naravno, pastori ne mogu da znaju sve najskrivenije pojedinosti iz života svake osobe koja ih sluša. Međutim, postoji razlog zbog kojeg se tako veliki broj pastora mučio da tokom izolacije zbog kovida 19 propoveda u kameru. Oni se mole da osete delovanje Duha kroz naše reakcije na njihovo propovedanje u realnom vremenu. Kada nas gledaju u lice, Duh im daje pravu utehu za naše nedaće. Postoji mnogo razloga zbog kojih crkva tokom službe ne bi trebalo da priguši svetla, kao da stvara atmosferu koncerta ili bioskopa. A ovo je jedan od njih: kako bi pastori dok propovedaju mogli da prepoznaju ono što im Duh pokazuje.

VREME I MESTO
Na kraju, propovedanje nije samo prenošenje informacija. Kada bi to bio jedini cilj, onda za to ne bismo koristili samo propovedanje. Mogli bismo da pređemo na video, podkast ili knjige i da u potpunosti izbacimo crkvene službe. Međutim, dok slušate propoved, ne radi se samo o vama i vašem ličnom hodu sa Isusom. Takođe se radi i o uspostavljanju nebeske kulture i građenju nebeskog grada u vašoj crkvi. Radi se o građenju zajedničkog života.

Prilikom propovedanja uživo dešavaju se dve stvari koje se ne mogu dogoditi preko podkasta sa pastorom kojeg nikada lično niste upoznali. Kao prvo, zajednica i propovednik prolaze kroz zajedničko iskustvo na istom mestu i u isto vreme. Da, postoji određena vrednost u samostalnoj primeni propovedi za vreme ličnog tihog časa. Međutim, vrednost je još veća kada propoved primenjujemo svi zajedno kao narod. Zajedno je oživljavamo kroz način na koji postupamo jedni sa drugima tokom nedelje. Takođe, setite se da propovednik zapravo nije „iznad" nas. On je jedan od nas. Božija reč ga, zajedno s nama, oblikuje i svi zajedno postajemo novi grad. Propoved nam pruža viziju koju Božija reč ima za određene ljude okupljene na određenom mestu, jer su se zajedno zavetovali na pokornost Bogu i međusobnu ljubav.

Kao drugo, propovednikov primer i njegov karakter ipak usmeravaju čitavu zajednicu. Propovednici se, što je razumljivo, uplaše kada shvate kako njihove crkve preuzimaju i njihove slabosti i njihove vrline. Kada sam na fakultetu učio da propovedam, profesor mi je uputio nekoliko otrežnjujućih saveta. Rekao mi je da se tokom godina moja zajednica najverovatnije neće sećati tačnih reči koje izgovorim. Umesto toga, Bog će crkvu oblikovati i kroz moje reči i kroz primer pobožnosti i odanosti koji tokom vremena pokažem. Propovednikov karakter i propovedanje stapaju se u jedno, a pomoću sile Svetog Duha te reči menjaju slušaoce, čak i ako ih ne zapamte. To je čest slučaj i u učenju, ne samo u propovedanju. Obično se ne sećamo svojih najboljih učitelja samo zbog njihovog znanja. Sećamo se njihove mudrosti, kao i njihove sposobnosti komunikacije i ljubavi koju su iskazali nama lično.

Dakle, dok ponovo otkrivate crkvu, tražite propovednike koji vas dovoljno vole da znaju i kako da vas po potrebi raseku i ponovo sastave, kao dobar hirurg. Tražite one koji znaju da crpe autoritet od Cara nad carevima, čiju radosnu vest i mudrost objavljuju. Oni ne žele samo deo vaše plate. Oni žele da vam budu primer, a ne samo da vas impresioniraju svojim učenjem i harizmom.

PREPORUČENA LITERATURA

- Leeman, Jonathan. *Word-Centered Church: How Scripture Brings Life and Growth to God's People*. Chicago: Moody, 2017.
- Wilkin, Jen. *Women of the Word: How to Study the Bible with Both Our Hearts and Our Minds*. Wheaton, IL: Crossway, 2014.

Crkva je grupa hrišćana (poglavlje 2)

↓

koji se okupljaju kao zemaljsko predstavništvo
Hristovog nebeskog carstva (poglavlje 3)

↓

da bi objavili radosnu vest i
zapovesti Hrista Cara (poglavlje 4),

↓

**kroz obrede potvrdili jedni druge kao
građane tog carstva (poglavlje 5),**

↓

pokazali svetost i ljubav samog Boga (poglavlje 6)

↓

kroz različite ljude koji su ujedinjeni (poglavlje 7)

↓

u čitavom svetu (poglavlje 8)

↓

i koji prate učenje i primer starešina (poglavlje 9).

5
DA LI JE NEOPHODNO BITI ČLAN?

Džonatan Liman

Dok sam studirao, pola godine sam proveo u Briselu, u Belgiji. Za to vreme mi je istekao pasoš Sjedinjenih Država. Zbog toga sam otišao u američku ambasadu u naselju Kvartier Rojal u Briselu. Ulaskom u ambasadu našao sam se na američkom tlu.

Ambasada ima autoritet američke vlade. Ona ima ovlašćenje da vladi i narodu Belgije saopšti: „Ovo je ono što Sjedinjene Države zahtevaju i nameravaju." Za čoveka poput mene može da kaže: „On je naš."

Stao sam za pult i pružio službeniku svoj pasoš koji je istekao. Postavio mi je nekoliko pitanja. Otkucao je nekoliko stvari na kompjuteru. Veoma brzo sam dobio novi pasoš, koji je potvrđivao da sam američki državljanin. Ambasada me nije *načinila* državljaninom. Postao sam državljanin rođenjem. Ipak, ona me je službeno prepoznala i potvrdila moje državljanstvo. Ona predstavlja Sjedinjene Države na način na koji to sam ne mogu, iako sam američki državljanin.

DA LI CRKVE ZAISTA IMAJU AUTORITET?

Isto tako, crkve ne mogu ljude *načiniti hrišćanima*. Postajemo hrišćani nanovim rođenjem, kao što smo u drugom poglavlju objasnili. Međutim, crkve su nebeske ambasade, kojima je Hristos dao zadatak da potvrde naše nebesko državljanstvo. Baptisti, prezbiterijanci i anglikanci se možda neće složiti oko toga ko tačno ima ovlašćenje da proglasi tako nešto; da li je to čitava zajednica, starešine ili biskup koji predstavlja čitavu zajednicu. Ipak, svi se slažu da je Isus crkvama dao autoritet. Umesto izdavanja pasoša, crkve krste ljude i dele Gospodnju večeru.

Danas se hrišćani često ne slažu da crkve imaju bogomdani autoritet. Roditelji? Da. Vlade? Da. Ali crkve?

Zapravo, evo šta možemo naučiti iz odlomka u kojem je Isus dao ključeve Carstva crkvama u Evanđelju po Mateju 16 i 18. Prvo, u Evanđelju po Mateju 16,13-20 Isus poučava da se ključevi koriste da potvrde *ispravno ispovedanje evanđelja*. Petar priznaje ko je Isus. Isus potvrđuje Petrov odgovor, obećava da će sagraditi crkvu, a zatim, iz tog razloga, daje Petru i apostolima „ključeve Carstva nebeskog" (stih 19). Čemu služe ti ključevi? Oni svezuju i razvezuju na zemlji ono što je svezano i razvezano na nebu. Više ne koristimo ovakvu terminologiju, pa će vam možda biti teško da shvatite značenje. Gledajte na ključeve kao na autoritet ambasade da zvanično sprovodi zakone i uredbe svoje države.

Drugo, u Evanđelju po Mateju 18,15-20 Isus poučava da ključevi Carstva služe da potvrde *ko zaista ispoveda evanđelje*. On lokalnoj crkvi daje ključeve Carstva kao autoritet da iz članstva isključi svakoga čiji se život ne slaže sa onim što ispoveda. Gledajte na to kao na autoritet ambasade da zvanično proglasi ko su građani njene države.

Da sumiramo: crkve imaju ključeve Carstva, koji predstavljaju autoritet crkve da u ime neba proglasi *šta* i *ko* pripada evanđelju: Šta je ispravno ispovedanje? Ko zaista ispoveda evanđelje?

> Autoritet koji donose ključevi = pravo crkve da u Isusovo ime proglasi *šta* i *ko* pripada evanđelju: Šta je ispravno ispovedanje? Ko zaista ispoveda evanđelje?

Još jedna slika koja bi nam mogla biti od pomoći pri razumevanju crkvenog autoriteta koji donose ključevi jeste posao sudije u sudnici. Sudija ne piše zakon. On ili ona ne čini da osoba bude nedužna ili kriva. Međutim, sudija poseduje autoritet da u ime vlade tumači zakon, a zatim donese zvaničnu presudu: „Kriv" ili „Nedužan". Tako je i sa crkvenim proglasima. Crkva je „zvanični" predstavnik nebeskog carstva na zemlji.

Ponekad crkve pogrešno prosude, isto kao ambasadori i ambasade ili sudije i sudovi. Ipak, to je posao koji Isus daje crkvama.

KAKVI OBREDI POSTOJE? NAŠI NEBESKI PASOŠI
Na koji način crkve donose ove zvanične presude?

Prvo, čine to kroz propovedanje, o kojem smo govorili u prethodnom poglavlju. Kada propoveda, propovednik „svezuje" ili „razvezuje" savest članova zajednice prema svom razumevanju Božije reči.

Drugo, crkve vezuju i razvezuju kroz *crkvene obrede*.

Najpre dolazi krštenje. Ono predstavlja ulazna vrata u članstvo crkve. Okupljeni u Hristovo ime (Mt. 18,20) krste druge u njegovo ime (28,19). Putem krštenja objavljujemo: „Hodam sa Isusom", a crkva potvrđuje: „Ova osoba hoda sa Isusom." Obe strane imaju nešto da kažu.

Potom sledi Gospodnja večera. To je redovan porodični obrok za članove crkve (v. Mt. 26,26-29). Članstvo u crkvi, u jednom smislu, jednostavno znači pristup Gospodnjoj trpezi, s obzirom na to da kroz Gospodnju večeru prepoznajemo jedni druge kao vernike. Poslušajte Pavlove reči: „Pošto je hleb jedan, onda smo mi, mnogi, jedno telo, jer svi delimo jedan hleb" (1. Kor. 10,17). Učestvovanje u jednom hlebu pokazuje da smo jedno telo. Potvrđuje da smo vernici. Ponovo, različite hrišćanske denominacije se ne slažu oko toga šta pričesni hleb predstavlja. Međutim, svi se slažu da je Gospodnja večera crkveni obrok prilikom kojeg čitava zajednica potvrđuje članstvo ostalih članova u Hristovom telu.

Hrišćani prečesto ove obrede sprovode samostalno. Upražnjavamo krštenje i Gospodnju večeru kod kuće, na kampu ili na prekookeanskim putovanjima. Ljudi su naročito bili u iskušenju da razmišljaju na ovaj način dok su bili kod kuće tokom kovida 19.

Istina je da Novi zavet ne stavlja krštenje potpuno u crkvene okvire, kao što vidimo kada je Filip krstio Etiopljanina (Dap. 8,26-40). Misionari koji odlaze na nove teritorije takođe moraju da imaju ovakvu mogućnost. Ipak, uobičajena praksa je da se ova dva obreda sprovode tokom crkvenog okupljanja pod budnim okom crkve, kao kada se tri hiljade krstilo „u" jerusalimsku crkvu (Dap. 2,41). Isto tako, Pavle nas upozorava da učestvujemo u večeri Gospodnjoj samo ako „razlikujemo telo", što znači crkvu (1. Kor. 11,29). Onda nam govori da „pričekamo jedan drugoga" pre nego što je uzmemo (stih 33). Večera Gospodnja je, dakle, crkveni događaj.

Kada sam jednom prilikom uzimao večeru Gospodnju sa crkvom, rekao sam braći oko sebe: „Dok budemo učestvovali u ovome, hajde da se gledamo, a onda da se zagrlimo na kraju." Hteo sam da osetim zajedništvo koje je proizašlo iz toga što smo radili.

Ovaj predlog je začudio moje prijatelje, ali složili su se. Tako smo se skupili, uzeli večeru Gospodnju, pogledali jedan drugoga, a onda se zagrlili. Iskreno, osećaj je bio pomalo čudan. Momci su se zakikotali. Ne bih rekao da preporučujem ovu praksu, ali pokušavam da vam dočaram suštinu: Gospodnja večera je porodični, a ne samostalni obrok.

ŠTA JE ČLANSTVO U CRKVI?

Šta je *zapravo* članstvo u crkvi?

Članstvo u crkvi je način na koji zvanično prepoznajemo jedni druge kao vernike i posvećujemo se jedni drugima. To je ono što stvorimo kada potvrdimo jedni druge kroz crkvene obrede. Možemo dati definiciju: članstvo u crkvi predstavlja crkvenu *potvrdu* hrišćanskog veroispovedanja i *nadgledanje* učeništva, a sa druge strane *pokoravanje* hrišćana crkvi i njenom nadgledanju. Možete to posmatrati na sledeći način:

Članstvo u crkvi je

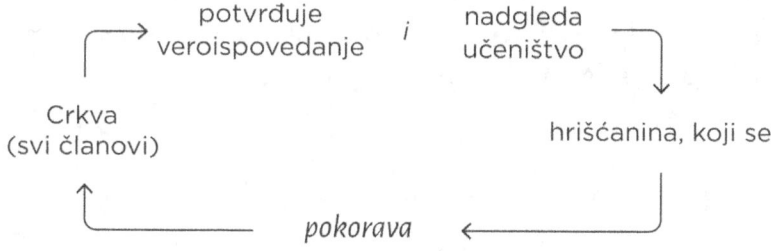

Izraz *pokoriti se* je zastrašujuć, naročito kada se odnosi na crkvu, ali mora da bude izgovoren. Kada postanete član crkve, ne pokoravate se samo vođama jedne „institucije" u nekom neodređenom, birokratskom smislu. Pokoravate se porodici i svim njenim članovima. Na taj način kažete: „Ovo je određena grupa hrišćana koje pozivam u svoj život i tražim od njih da me pozivaju na odgovornost dok sledim Isusa. Tražim od njih da preuzmu odgovornost za moj hrišćanski život. Kada sam obeshrabren, njihova je odgovornost da me ohrabre. Ako zalutam sa uskog puta, njihova odgovornost je da me vrate. Ako se nađem u lošoj finansijskoj situaciji, njihova odgovornost je da se pobrinu za mene."

Međutim, ova posvećenost ima dve strane. Kada tražite od drugih članova crkve da se brinu za vas, takođe obećavate da ćete se i vi brinuti za njih. Sada ste deo „crkve" koja se nalazi sa leve strane prikaza iznad, što podrazumeva da potvrđujete i nadgledate druge. Uskoro ćemo se vratiti na ovu misao.

Ono što bi takođe trebalo da bude očito – ako ste do sada pažljivo pratili – jeste da krštenje, Gospodnja večera i članstvo u crkvi idu zajedno. Postoje izuzeci, ali po pravilu, crkve krste ljude da bi postali članovi, a Gospodnja večera je privilegija članova crkve, bilo da je uzimaju u sopstvenoj crkvi ili kada su u poseti drugim crkvama. Ove tri stvari zapravo deluju zajedno da učine istu stvar: da potvrde i obeleže Božiji narod. One zajedno govore narodima zemlje: „Ovo su građani nebeskog carstva."

NIJE LI DOVOLJNO PRIPADATI UNIVERZALNOJ CRKVI?

Ponekad ljudi kažu: „Ne moram da postanem član lokalne crkve. Već pripadam Hristovoj univerzalnoj crkvi." (Univerzalna crkva je ono što teolozi nazivaju Hristovim telom u celosti, svi vernici ši-

5 DA LI JE NEOPHODNO BITI ČLAN?

rom sveta kroz čitavu istoriju.) Da li je to ispravno? S obzirom na to da obraćenjem svi postajemo članovi univerzalne crkve, da li možemo da zaboravimo na lokalnu crkvu?

Kratak odgovor je ne. Istina je da *ne morate* biti član crkve kako biste bili spaseni. Naše članstvo u univerzalnoj crkvi je dar (Ef. 2,11-22), baš kao što su naša pravednost u Hristu i vera darovi. Ipak, *morate* postati član crkve kako biste bili poslušni Pismu. Baš kao što naša vera treba da „obuče" dobra dela (Kol. 3,10, 12; Jak. 2,14-16), i mi svoje članstvo u univerzalnoj crkvi treba da „obučemo" u lokalnoj crkvi. Naše članstvo u univerzalnoj crkvi ne može da ostane neka apstraktna ideja. Ukoliko je istinsko, pokazaće se na zemlji – u stvarnom vremenu i prostoru sa stvarnim ljudima po imenu Beri, Jamar, Said i Ling. Izolacija zbog pandemije ne menja tu činjenicu.

Ukoliko je Duh u vama, želećete da se posvetite Hristovom telu. Skoro da ne možete da se suzdržite. Istinsko članstvo u univerzalnoj crkvi vodi ka članstvu u lokalnoj crkvi, koje pokazuje naše članstvo u univerzalnoj crkvi na sledeći način:

Odnos između članstva u univerzalnoj i članstva u lokalnoj crkvi

Možda ste, poput nas, imali prijatelje koji su pokušali da žive svoj hrišćanski život van crkve i njihova vera je malo-pomalo jenjavala, a u nekim slučajevima i potpuno nestajala. Imao sam prijatelja koga sam, nakon što je nekoliko meseci dolazio u moju crkvu, ohrabrivao da postane član. Odbio je, jer nije želeo da preuzme tu odgovornost. Sve to vreme borio se sa velikim grehom. Nije me iznenadilo kada su se njegovi dolasci proredili, a onda i potpuno prestali. Naposletku mi je jednog dana, dok smo pili kafu, rekao: „Džonatane, ja više nisam hrišćanin ili makar nisam tvoja vrsta hrišćanina."

Članstvo u crkvi pruža vernicima sigurnost kakvu tor pruža ovcama kojima je Hristos pastir. Kroz njega ste zbrinuti, jer ste, kao što je ruka povezana sa trupom, povezani sa telom, kojem je Hristos glava. Ono pruža ljubav porodice u kojoj je Hristos prvorođeni od mnogih naslednika. Ono sa sobom nosi obaveze i dužnosti državljanstva u svetom narodu, u kojem je Hristos car.

DA LI JE ČLANSTVO U CRKVI ZAISTA BIBLIJSKO?

Još jedno pitanje koje ljudi postavljaju jeste da li se članstvo u crkvi uopšte nalazi u Bibliji. Možda ste i vi sami postavili to pitanje.

Da za odgovor imamo onoliko vremena koliko traje jedna vožnja liftom, osvrnuli bismo se na odlomke kao što je Evanđelje po Mateju 18,17 i Prva poslanica Korinćanima 5,2, u kojima Isus i Pavle govore o odstranjivanju određenih članova; ili na Pavlove reči o onima koji se nalaze „unutra", u crkvi (stih 12); ili bismo vam ukazali na Dela apostolska 2 i ono što Luka kaže o tri hiljade ljudi koji su bili „pridodati" crkvi u Jerusalimu (stih 41); ili na Dela apostolska 6 i ono što kaže o sazivanju crkve (stih 2). Ne, termin članstvo u crkvi ne koristi se u Bibliji kao što ga mi koristimo danas. Međutim, na tu praksu se misli gotovo svaki put kada se reč *crkva*

5 DA LI JE NEOPHODNO BITI ČLAN?

koristi u Novom zavetu, kao kada Luka kaže: „A Crkva se svesrdno molila Bogu za njega" (12,5), ili Pavle piše „crkvi u Galatiji" (Gal. 1,2). Iako možda nisu koristili sve alatke koji mi danas koristimo, kao što su časovi o tome šta je članstvo i imena ispisana na spisku u kompjuteru, znali su ko je ko – poimence.

Ipak, postoji i šira slika koju morate sagledati kako biste razumeli veći naum koji Bog ima za crkve kao što su vaša i naša. Kroz čitavu Bibliju Bog svoj narod uvek uokviruje linijom jarke boje. Nešto se nalazilo u Edenskom vrtu, a nešto van njega. Nojeva lađa je imala unutrašnjost i spoljašnjost. Izraelski narod u Egiptu, koji je živeo u Gošenu, mogao je biti unutra ili napolju. Neke nevolje napadale su samo Egipćane, ali ne i Božiji narod. Bog je rekao:

> Ali toga dana ću izuzeti gošenski kraj, gde živi moj narod. Tamo neće biti rojeva muva, da bi ti znao da sam ja, GOSPOD, u ovoj zemlji. Napraviću razliku između svog naroda i tvog naroda (Iz. 8,22-23).

Muve! Bog je iskoristio muve da povuče granicu između svog naroda i naroda koji nije njegov. Onda je Izrael otišao u divljinu, a Bog im je dao zakone o čistoti kako bi povukao granicu između unutrašnjosti tabora i onoga što se nalazilo van njega. Nečisti ljudi morali su da borave van tabora. Na kraju ih je odveo u Obećanu zemlju, koja je imala granice.

Bog je oduvek obeležavao svoj narod kako bi mogao da ih pokaže drugima, sebi na slavu. On želi da ove zemaljske ambasade budu vidljive. Nije ni čudo što Pavle koristi jezik Starog zaveta kada kaže:

> „Ne uprežite se u isti jaram s nevernicima. Jer, šta ima pravednost sa bezakonjem? Ili, kakva je zajed-

nica svetlosti i tame? U čemu se Hristos slaže s Velijarom? Šta je zajedničko verniku i neverniku? Kakav je sporazum Božijeg hrama s idolima? Jer, mi smo hram Boga živoga, kao što Bog reče:

'Prebivaću u njima i hodati među njima,
    i ja ću im biti Bog, a oni će biti moj narod.'
'Stoga, izađite između njih
    i odvojte se, govori Gospod.
Ništa nečisto ne dotičite,
    i ja ću vas primiti.'
'Ja ću vam biti otac,
    a vi ćete mi biti sinovi i kćeri,
govori Gospod Svedržitelj'" (2. Kor. 6,14-18).

Kada pitaju da li se članstvo u crkvi nalazi u Bibliji, ljudi često traže nešto pragmatično, kao što je članstvo u teretani ili nekom klubu. Istina, toga u Bibliji nema. Hajde da takve ideje uklonimo iz svog uma. Umesto toga, hajde da u svoje umove upišemo „hram Boga živoga", što je slika koju Pavle koristi da opiše ko smo mi. Hram ne može da se „upregne u jaram" ili ima „zajednicu", da se „slaže" ili da ima „sporazum" sa nevernima. Zašto? Zato što Bog prebiva u svom hramu. On se poistovećuje s njim. Da, i dalje treba da pozivamo nevernike na svoja okupljanja (1. Kor. 14,24-25). Ali suština je da u crkvi mora biti jasno ko joj pripada, a ko ne, upravo zbog njenog svedočenja svetu. Bog želi da se istaknemo i budemo drugačiji kako bismo ljudima iz sveta mogli da ponudimo privlačno i ubedljivo svedočanstvo.

Na takvo članstvo se misli na gotovo svakoj stranici novozavetnih poslanica, ali se koristi drugačiji jezik. Članstvo u crkvi je članstvo u porodici. Ono sa sobom nosi porodične obaveze. To je članstvo u telu. Sa sobom nosi dinamiku u kojoj smo povezani sa svakim drugim udom. Svaka biblijska slika crkve pomaže nam da razumemo šta je članstvo, a sve one su neophodne, jer na svetu ne postoji ništa drugo kao crkva.

ČLANSTVO JE POSAO

Hajde da se još jedanput vratimo na ideju da je crkva ambasada ili predstavništvo nebeskog carstva. Ovo je poslednja stvar koju želimo da kažemo u ovom poglavlju: članstvo nije samo status. To je posao – a od vas se očekuje da dolazite u kancelariju (Jev. 10,24-25).

Sećate se kako sam u Belgiji otišao u američku ambasadu, predao svoj pasoš koji je istekao i dobio novi? Zamislite da mi je, kada mi je izdala novi pasoš, ambasada ponudila posao da i sam proveravam pasoše. To je ono što se dešava kada postanete član crkve: dobijete posao da štitite, potvrđujete i objavljujete *šta* i *ko* pripada evanđelju. Dobijate radno mesto.

Odakle potiče ovo radno mesto? Zanimljivo je istraživati kako je ono nastalo, jer vam to pomaže da uvidite na koji način je čitava Biblija povezana. Setite se zapovesti koju je Bog dao Adamu u prvom poglavlju Postanja: da bude plodan, da se množi i da vlada zemljom (stih 28). Trebalo je da bude *car* (vidi i Ps. 8). Onda se setite Božije zapovesti Adamu iz druge glave Postanja, da „obrađuje… i da se stara" o vrtu (stih 15). Adam je takođe trebalo da bude *sveštenik*, da pomaže da mesto na kojem Bog prebiva bude sveto. Bog je nameravao da Adam bude sveštenik i car.

Adamov posao cara:
da potčini sebi novu teritoriju i vlada njome.
Adamov posao sveštenika:
da vrt, u kojem Bog prebiva, održava svetim.

Vidimo da Adam nije dobro uradio svoj posao. Dozvolio je zmiji da uđe u vrt. Ni Noje, ni Avraam, ni izraelski narod nisu dobro uradili posao. Zatim je došao Hristos i savršeno je ispunio službu sveštenika i cara, a potom je nama dao zadatak da i mi budemo sveštenici i carevi. „Vi ste... carsko sveštenstvo" (1. Pet. 2,9).

Evo nečeg neverovatnog: kad postanete član crkve, dobijate posao isprva namenjen Adamu, samo novozavetnu verziju koju vam daje Hristos. Taj posao podrazumeva da pomerate granice vrta kao carevi, dok se istovremeno starate za vrt kao sveštenici.

Kao carevi, težimo da druge ljude činimo Hristovim učenicima i da budemo posrednici pomirenja. Naš cilj je da dovedemo još ljudi pod Božiju vlast, još veći deo zemlje pod vlast evanđelja. O ovome ćemo više razmišljati u poglavlju 8 kada budemo govorili o Velikom poslanju (Mt. 28,18-20; 2. Kor. 5,18-20).

Carski posao članova:
da čine ljude Hristovim učenicima, da uvećavaju Carstvo.

Sveštenički posao članova:
da održavaju svoju svetost tako što će čuvati ono što pripada evanđelju, da štite Carstvo.

5 DA LI JE NEOPHODNO BITI ČLAN?

Naš sveštenički posao podrazumeva da se brinemo za mesto na kojem Bog prebiva, crkvu. Treba da držimo ono što je sveto podalje od onog što nije sveto, kako u svom ličnom životu, tako i u zajedničkom životu crkve, na taj način što ćemo se brinuti za *ono što* pripada evanđelju i za *one koji* pripadaju evanđelju. U jednoj crkvi to podrazumeva da pomažemo pri donošenju odluka o tome ko je član, a ko nije. U svakoj crkvi to znači da pomažemo drugim članovima da hodaju u svetosti i činimo sve što možemo da pomognemo crkvi da ostane usredsređena na evanđelje (Dap. 17,11). O ovome ćemo više govoriti u poglavlju 9, kada budemo govorili o crkvenoj disciplini (1. Kor. 3,16-17; 2. Kor. 6,14 – 7,1).

Ono što sada treba da naučite jeste da članstvo u crkvi nije pasivna stvar. To nije samo status. To nije kao članstvo u kantri klubu, klubu potrošača ili u programu pogodnosti na benzinskoj pumpi. To je posao na kojem morate da radite. Za njega morate proći obuku. Morate ga obavljati umom i srcem. Morate razmišljati o tome kakav uticaj imate na druge. Šta ćete ove nedelje proizvesti? Da li čitav tim napreduje zbog vas i da li radite svoj deo ili zabušavate?

Štaviše, ako je vaš posao da se brinete za ono *što* pripada evanđelju i za *one koji* pripadaju evanđelju, morate da proučavate i razumete evanđelje. Koje su njegove pojedinosti? Šta mu preti? U kakvoj je vezi sa drugim doktrinama vere kao što su Trojstvo, greh, poslednja vremena? Šta ono znači za vaš posao, za angažovanje u politici ili podizanje vaše dece? Kako u nečijem životu izgleda istinska vera, a kako nominalna, lažna vera? Znate li razliku između člana crkve koji se spotiče o greh jer je slab i člana koji juri za grehom jer je zao – vuka u ovčijem ruhu? Znate li kako da se postavite prema obe vrste? Znate li razliku između ispravnog i lažnog učenja?

Takođe, da li poznajete ostale članove crkve i da li im se posvećujete? Da li im dopuštate da vam poremete raspored? Da li im pružate finansijsku pomoć kada im je to potrebno ili se jednostavno cele nedelje držite po strani, računajući svoje angažovanje u crkvi kao onih devedeset minuta nedeljom? Provedemo godine u školi, i ponekad na koledžu, školujući se za svoj posao. Provedemo četrdeset sati nedeljno ulažući u njega, uvek učimo, obučavamo se i rastemo. Sve to je dobro. Ipak, kako bi bilo da svom poslu čuvanja Božijeg evanđelja i naroda i širenja tog evanđelja budemo na sličan način predani, radeći ga posvećeno i marljivo?

OZBILJAN PODUHVAT

Kada neko želi da postane član crkve u kojoj sam ja pastor, na kraju razgovora za ulazak u članstvo ja kažem nešto slično ovome:

> Prijatelju, kada postaneš član ove crkve, delimično ćeš biti odgovoran za to da li ova crkva verno propoveda evanđelje. To znači da ćeš delimično biti odgovoran i za ono čemu ova crkva poučava i za to da li njeni članovi ostaju verni. Jednog dana ćeš stajati pred Bogom i daćeš izveštaj o tome na koji način si ispunio ovu odgovornost. Potrebno nam je još ruku za žetvu i zato se nadamo da ćeš se pridružiti našem poslu.

Razgovor za ulazak u članstvo liči na intervju za posao. Isus je pitao Petra šta misli ko je on pre nego što mu je poverio posao građenja crkve. I mi treba da činimo isto: treba da se postaramo da ljudi znaju ko je Isus pre nego što saznaju koji posao prihvataju kada postanu članovi crkve.

PREPORUČENA LITERATURA
> Leeman, Jonathan. *Church Membership: How the World Knows Who Represents Jesus*. Wheaton, IL: Crossway, 2012.
> McCracken, Brett. *Uncomfortable: The Awkward and Essential Challenge of Christian Community*. Wheaton, IL: Crossway, 2017.

Crkva je grupa hrišćana (poglavlje 2)

↓

koji se okupljaju kao zemaljsko predstavništvo
Hristovog nebeskog carstva (poglavlje 3)

↓

da bi objavili radosnu vest i
zapovesti Hrista Cara (poglavlje 4),

↓

kroz obrede potvrdili jedni druge kao
građane tog carstva (poglavlje 5),

↓

pokazali svetost i ljubav samog Boga (poglavlje 6)

↓

kroz različite ljude koji su ujedinjeni (poglavlje 7)

↓

u čitavom svetu (poglavlje 8)

↓

i koji prate učenje i primer starešina (poglavlje 9).

6
DA LI SE KROZ CRKVENU DISCIPLINU ZAISTA ISKAZUJE LJUBAV?

Džonatan Liman

Izraz „crkvena disciplina" će vas možda zastrašiti. *Da li crkve zaista treba da disciplinuju? Da li disciplinom ikako može da se iskaže ljubav?*

Crkvena disciplina je, zapravo, neizostavni deo hrišćanskog učeništva. U engleskom jeziku reči učenik i disciplina su povezane.[1] Discipinovanje uključuje podučavanje *i* korigovanje, ali ljudi često koriste reč disciplina kada misle samo na korigovanje. I podučavanje i korigovanje neophodni su za rast. Koliko bi učenici naučili od nastavnika matematike koji bi ispredavao lekciju, a ne bi ispravio njihove greške? Ili učitelja golfa koji bi pokazao kako treba zamahnuti palicom, ali im ne bi dao nikakav savet kada ne bi znali kako se to radi?

---

1 Reči *disciple* (učenik) i *discipline* (disciplina) na engleskom imaju isti koren *(Prim. prev.)*.

Isto tako, kada druge ljude činimo Hristovim učenicima, to podrazumeva i podučavanje i korigovanje, a ljudi najčešće koriste izraz „crkvena disciplina" kad misle na ovo drugo – *korigovanje greha*. Disciplinovanje počinje privatnim upozorenjima, kao kada je jedna moja prijateljica jedanput sela sa mnom na crkvenu klupu i rekla: „Ponekad umeš stvarno da budeš sebičan", a onda mi navela nekoliko konkretnih primera. Nije mi bilo lako da to čujem, ali bila je u pravu i pomogla mi je da uzrastem, jer mi je to otvoreno rekla. Disciplinovanje se završava ili kada se osoba pokaje ili, ukoliko je to potrebno, kada crkva osobu koja odbija da se pokaje odstrani iz članstva crkve i zabrani joj pristup Gospodnjoj trpezi.

Izraz „crkvena disciplina" često se koristi kao da podrazumeva samo ovaj poslednji korak. Ljudi često kažu: „Disciplinovali smo Džoa odstranivši ga iz crkve." Tada misle na odstranjivanje iz članstva i zabranu pristupa Gospodnjoj trpezi. Ponekad se za to koristi i reč ekskomunikacija.

Crkvena disciplina u toj poslednjoj fazi suprotan je pojam članstvu u crkvi. Setite se prošlog poglavlja: članstvo podrazumeva *potvrdu* veroispovedanja. Disciplina u svojoj poslednjoj fazi podrazumeva *ukidanje* te potvrde zbog greha koji je (1) neokajan, (2) proveren i (3) velik. Kada nekoga ukloni iz svog članstva, crkva ne proglašava sa sigurnošću da ta osoba nije hrišćanin. Crkve nemaju rendgen Svetog Duha kojim mogu da vide nečije srce. Umesto toga, crkva kaže: „Nismo više voljni da javno potvrdimo tvoje veroispovedanje. Određeni greh u tvom životu, kojeg ne želiš da se odrekneš (kriterijum 1), a čije postojanje je dokazano (kriterijum 2), dovoljno je veliki (kriterijum 3) da se verodostojnost tvog veroispovedanja dovede u pitanje."

Koliko veliko je veliko? Svaki slučaj mora biti procenjen nezavisno od drugih slučajeva, ali činjenica je da neki neokajani gresi

6 DA LI SE KROZ CRKVENU DISCIPLINU ZAISTA ISKAZUJE LJUBAV?

iziskuju da se veroispovedanje i integritet osobe o kojoj je reč dovede u pitanje, dok sa ostalim gresima to nije slučaj. Crkva verovatno ne bi trebalo da odstrani člana koji sebično jede sav sladoled iz kuće uprkos protivljenju njegove žene – *čisto* hipotetički primer, naravno. Ipak, treba da odstrani muža koji je ostavio svoju ženu.

Osoba koja je odstranjena iz crkve najčešće još može da dolazi na javna okupljanja (osim ako se ne radi o fizičkim, građanskim ili sličnim pretnjama). Međutim, ta osoba se više ne smatra članom. Ne bi trebalo da uzima Gospodnju večeru. Razgovori u hodniku, ukoliko do njih dođe, ne bi trebalo da budu usputni i laki, već ispunjeni trezvenošću i iskrenim pozivima na pokajanje.

Crkvena disciplina ne donosi veću kaznu i prekor od nedovoljne ocene u školi. Cilj disciplinovanja, kao i nedovoljne ocene, jeste da podstakne ljude na pokajanje. Kao što Pavle kaže: „predajte tog čoveka Satani, da mu telo propadne, a duh da se spase na Dan Gospodnji" (1. Kor. 5,5).

Međutim, pored dobra koje crkvena disciplina donosi pojedincu, naročito onom koji je u grehu, ona donosi dobro i crkvi u celosti, naročito onim članovima koje drugi lako iskorišćavaju. Poslednjih godina neki ljudi su napustili crkvu jer je olako shvatala nasilje. Ipak, pazite da ne odustajete od discipline samo zato što je drugi ne sprovode na pravi način. Umesto toga, pomozite svojoj crkvi da postane sličnija biblijskoj verziji crkve u kojoj je teško sakriti nasilje, a crkvena zajednica predstavlja najsigurnije mesto za ranjive članove. Ovakva biblijska vizija podrazumeva kulturu učeništva i disciplinovanja u kojoj članovi žive otvoreno i iskreno, znajući da svoje grehe mogu da priznaju rano, dok su još relativno „mali" – pre nego što se pukotine u njihovom moralu prošire i postanu provalije. Ovakve crkve takođe imaju ustaljen i jasan postupak za korigovanje „većih" greha kada do njih dođe, uključujući i javno prozivanje i odstranjivanje iz članstva.

LJUBAV U OČIMA SVETA

To je bio kratak pregled crkvene discipline. Ostatak ovog poglavlja želimo da posvetimo stavljanju crkvene discipline u okvire jedne šire teme, ljubavi. Disciplina nam danas teško pada, jer imamo osećaj da u njoj nema ljubavi.

Moje prvo iskustvo sa crkvenom disciplinom bilo je 90-ih godina, dok još nisam bio oženjen. Ručao sam sa dobrim prijateljem sa kojim sam odlazio na trčanje. Razgovarali smo o zabavljanju. Upitao sam ga da li je zainteresovan za nekoga, a on mi je priznao da živi grešnim načinom života. Kada sam ga pitao da li zna čemu Biblija uči, rekao je da zna. Ipak, bio je ubeđen da Biblija greši. Odbio je da se okrene od svog greha. Nekoliko dana kasnije doveo sam još jednog dobrog prijatelja kako bismo ponovo razgovarali s njim, ali rezultat je bio isti. Vremenom su se umešale i crkvene starešine. I oni su naišli na isti odgovor. Na kraju smo predstavili ovu situaciju crkvi. Crkva je mom prijatelju dala još dva meseca da se pokaje. Nije to učinio. Onda je crkva odlučila da ga odstrani iz članstva kako bi ga disciplinovala. Njegov greh bio je podoban za to po sva tri kriterijuma: nije se *pokajao* za njega; postojanje greha bilo je *potvrđeno*, što znači da su se svi složili oko činjenica; greh je bio dovoljno *veliki* da ugrozi verodostojnost njegovog veroispovedanja.

Tokom tih meseci ponekad sam se pitao da li mu iskazujemo ljubav. Sprovođenje crkvene discipline ne pruža nam uvek *osećaj* da tako činimo. Kulturne stege govorile su mi da to nije ljubav.

Naš svet razume ljubav kao plamen koji osetite kada upoznate

6 DA LI SE KROZ CRKVENU DISCIPLINU ZAISTA ISKAZUJE LJUBAV?

osobu koju je za vas stvorio svemir ili Bog. To se „događa" kada upoznate osobu koja vas „upotpunjuje". Ljubav je takođe kada dopustite nekome da živi svoj život, kakav god on bio.

Zbog toga, da biste pronašli ljubav, morate pronaći sebe, izraziti se i ostvariti kroz nju. Ukoliko vam ljubav nalaže da odbacite svoje roditelje, crkvu, tradicionalne poglede na moral, pa čak i na čitavo društvo, nije važno. Ljubav zahteva da učinite ono što je ispravno za vas.

Kažemo kako ljubav nikad ne osuđuje. Ljubav oslobađa ljude. Ona je poslednji adut, argument iznad svakog drugog, potpuno opravdanje za sve što želite da radite. „Ali volim to..." „Ako se oni stvarno vole, onda naravno da bi trebalo da ih prihvatimo..." „Da je Bog zaista pun ljubavi, on sigurno ne bi..."

Ljubav, makar prema našoj definiciji, jedini je neopozivi zakon. Svet ne veruje da je Bog ljubav, već da je ljubav bog.

Nažalost, ne definiše samo „spoljna" kultura ljubav na ovaj način. I hrišćani su često podložni ovakvom razumevanju ljubavi.

Kako bismo vam pomogli da ponovo otkrijete crkvu, u ovom poglavlju želimo da vas uverimo u tri stvari. Prvo, crkvena disciplina je biblijska. Drugo, ona iskazuje ljubav. Iako crkva ponekad ne sprovodi disciplinu s ljubavlju, praksa koju je Isus uspostavio definitivno iskazuje ljubav. Treće, i ono najneverovatnije, ona nas uči o Božijoj svetoj ljubavi.

Završićemo tako što ćemo razmisliti o tome šta to praktično znači za vas.

DA LI JE DISCIPLINA ZAISTA BIBLIJSKA?
Prvo, da li je crkvena disciplina zaista biblijska? Da.

Evanđelje po Mateju 18. Isus govori o ovoj temi u 18. glavi

Evanđelja po Mateju, kada govori o tome kako će dobri pastir ostaviti devedeset devet ovaca u stadu i poći da traži onu jednu zalutalu (stihovi 10-14). Kako da potražimo tu zalutalu ovcu? Isus odgovara:

> Ako tvoj brat zgreši protiv tebe, idi i nasamo ga prekori. Ako te posluša, ponovo si stekao brata. A ako te ne posluša, povedi sa sobom još jednoga ili dvojicu, da se svaka stvar utvrdi na osnovu svedočenja dva ili tri svedoka. Ako ni njih ne posluša, obavesti crkvu. Pa ako ni crkvu ne posluša, odnosi se prema njemu kao prema paganinu ili cariniku (stihovi 15-17).

Obratite pažnju na to kako Isus želi da što više ublaži situaciju, ali je isto tako voljan da je predstavi čitavoj crkvi. Svi imamo odgovornost da potvrđujemo jedni druge, jer svi nosimo isto porodično ime. Odgovorni smo jedni za druge, jer smo različiti udovi istog tela.

Takođe obratite pažnju na to kako Isus uspostavlja sudski postupak. Situacija mora biti potvrđena od strane dva ili tri svedoka, kao na starozavetnom sudu (5. Mojs. 19,15). On ne želi da lažne optužbe ili ohlokratija upravljaju crkvom. Ne želi da pastori sami procenjuju karakter članova: „On je ohol." Umesto toga, greh mora biti potvrđen, a činjenice utvrđene.

Prva poslanica Korinćanima 5. Pavle nas uči isto u petoj glavi Prve poslanice Korinćanima. On opominje Korinćane zbog člana koji spava sa ženom svog oca (stih 1). Crkva je već svesna ove situacije, ali su iz nekog razloga ponosni na to. Možda misle da su puni ljubavi i tolerantni. Kako god bilo, Pavle im govori da ne smeju time da se ponose, već da se on „ukloni iz njihove sredine" (stih 2).

6 DA LI SE KROZ CRKVENU DISCIPLINU ZAISTA ISKAZUJE LJUBAV?

Šta zaključujemo iz činjenice da je Pavlov postupak mnogo brži od Isusovog? U crkvenoj disciplini ne postoji univerzalni postupak. U svakoj situaciji mora se postupati pažljivo i mudro, mora se posvetiti pažnja pojedinostima tog slučaja i svim važnim pozadinskim detaljima. Nije dovoljno da crkva bude puna ljubavi. Ona mora biti i mudra.

Peta glava Prve poslanice Korinćanima takođe nam pomaže da uvidimo svrhu discipline.

Prvo, disciplina iznosi greh na videlo (v. stih 2), koji se, kao rak, često pritaji.

Drugo, disciplina upozorava na veći sud koji dolazi (stih 5).

Treće, disciplina izbavlja. To je poslednje što crkva može da preduzme kada je svako drugo upozorenje zanemareno (stih 5).

Četvrto, disciplina štiti druge članove crkve. Baš kao što se rak širi sa jedne ćelije na drugu, tako se i greh brzo širi sa jedne osobe na drugu (stih 6).

Peto, disciplina čuva svedočanstvo crkve – da ne krene putem sveta (v. stih 1). Crkve treba da budu so i svetlo. Isus je rekao: „Ali, ako so obljutavi, čime ona da se posoli? Ne vredi više ni za šta, nego samo da se izbaci napolje i da je ljudi izgaze" (Mt. 5,13).

CRKVENA DISCIPLINA
NAS UČI BOŽIJOJ LJUBAVI

U svom umu možemo biti uvereni da nam je Isus dao crkvenu disciplinu, ali i dalje se možemo plašiti da sledimo njegovo učenje, jer nam instinkti govore da se kroz disciplinu ne iskazuje ljubav. Gotovo kao da mi imamo više ljubavi od Isusa.

Moramo preoblikovati te instinkte. Hajde onda da postavimo

pitanje: da li crkvenom disciplinom zaista iskazujemo ljubav?

Biblija jasno povezuje disciplinu i ljubav: „Koga Bog voli, toga i vaspitava stegom" (Jev. 12,6). Bog nije stvorio ljubav i disciplinu kao suprotne pojmove, već nas uči da ljubav podstiče disciplinu.

Pisac Poslanice Jevrejima govori da je disciplina puna ljubavi, jer nam pomaže da rastemo u svetosti, pravednosti i miru: Bog nas disciplinuje za dobro, da možemo učestvovati u njegovoj svetosti. „Nijedna stega u prvi mah ne izgleda prijatna, nego bolna, ali kasnije daje plod mira i pravednosti onima koji su njome izvežbani" (Jev. 12,11). Izraz „daje plod mira i pravednosti" čini da pomislimo na zlatna polja žita. Zar to nije predivna slika?

Zapravo, Biblija govori mnogo toga što se ne uklapa u formulu koju je iznedrila naša kultura, *ljubav = samoizražavanje*. Ona govori da se ljubav ne raduje nepravdi, a raduje se istini (1. Kor. 13,6). Takođe opisuje ljubav kao sponu istine (2. Jn. 1-3). Možete da kažete da ste puni ljubavi, ali ako ne hodate u istini, već se radujete onome što Bog naziva nepravdom, onda očito niste toliko puni ljubavi koliko mislite.

Sam Isus je ljubav povezao sa držanjem Božijih zapovesti. On kaže: „ali svet treba da sazna da ja volim Oca i da činim onako kako mi je Otac zapovedio" (Jn. 14,31). Isto kaže i za nas: „Ko ima moje zapovesti i drži ih se, taj me voli" (stih 21). Kaže nam čak i da ćemo, ako budemo držali njegove zapovesti, ostati u njegovoj ljubavi (15,10). A Jovan kaže da ako se držimo Božije reči onda je Božija ljubav u nama stigla do savršenstva (1. Jn. 2,5).

Na osnovu ovakvih odlomaka čini se da je većini nas potrebna radikalna promena u načinu na koji razumemo ljubav. U Bibliji, ljubav (kao i vera) vodi u pokornost, a pokornost je pokazatelj ljubavi (i vere), kao što je prikazano ispod:

6 DA LI SE KROZ CRKVENU DISCIPLINU ZAISTA ISKAZUJE LJUBAV?

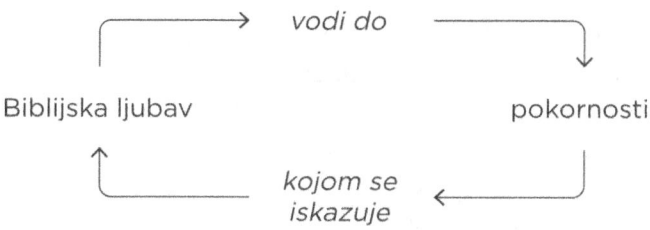

Setite se biblijske lekcije „Bog je ljubav" (1. Jn. 4,16). Kada ljudi koji tvrde da vole Boga okrenu Bogu leđa, najveću ljubav im iskazujemo kada ih korigujemo i kažemo im: „Ne, ne, ne. Bog je ljubav. Ako želiš ljubav, moraš da se vratiš Bogu." Oni koji se protive Bogu i koji mu nisu pokorni beže od ljubavi. Biraju nešto što nije ljubav, čak i ako to nazivaju njenim imenom.

Ako je Bog ljubav, volimo ljude tako što sa njima delimo evanđelje, kako bi mogli da spoznaju Boga.

Ako je Bog ljubav, volimo ljude tako što ih učimo svemu što je Bog zapovedio, kako bi mogli da odražavaju Boga.

Ako je Bog ljubav, volimo ljude tako što ih korigujemo kada se okrenu od njega.

Ako je Bog ljubav, volimo ljude čak i kada ih, kada krenu za sopstvenim željama, a ne Božijim, odstranimo iz članstva crkve, jer njihova jedina nada za život i ljubav jeste da shvate da su sami sebe odvojili od Boga.

Stoga bi, u osnovi, crkva trebalo da sprovodi crkvenu disciplinu iz ljubavi:

> Ljubavi prema grešniku, kako bi se pokajao;
> Ljubavi prema drugim članovima, kako ne bi bili zavedeni;
> Ljubavi prema nevernim bližnjima, kako u crkvi ne bi videli svetovnost; i

➤ Ljubavi prema Hristu, kako bismo na pravi način mogli da predstavljamo njegovo ime.

BOŽIJA SVETA LJUBAV

Postoji jedna određena odlika Božije ljubavi kojoj nas uči crkvena disciplina, a koja se često ne nalazi u definicijama: Božija ljubav je sveta. Ne možete voleti Boga, a ne voleti njegovu svetost. Njegova ljubav služi za njegove svete naume, a njegovi sveti naumi puni su ljubavi. Ponekad ljudi dele crkve na „svete crkve" i „crkve pune ljubavi". To je nemoguće. Crkvu moraju odlikovati i svetost i ljubav ili je ne odlikuje nijedna od njih.

Veza između ljubavi i svetosti takođe nam pomaže da shvatimo temu koja se javlja kroz čitavu Bibliju, temu odstranjivanja i proterivanja. Odlomci iz 18. glave Evanđelja po Mateju ili 5. glave Prve poslanice Korinćanima ne pružaju nam sliku Boga koji čini nešto novo ili drugačije. Oni nam nakratko pokazuju ono što je Bog oduvek činio. On je oduvek odstranjivao greh iz svog prisustva. Proterao je Adama i Evu iz vrta kada su sagrešili. Isključio je grešni svet iz Nojeve lađe. Proterao je Hananejce iz Obećane zemlje, a vremenom je i svoj narod proterao iz nje. Svi zakoni koji su se ticali šatora sastanka služili su kako bi odande uklonili ono što je nečisto i ono što nije sveto. Bog je takođe obećao da će poslednjeg dana ukloniti sve koji ne veruju u svršeno delo Hristovog ovaploćenog života, zamenske smrti i vaskrsenja koje je pobedilo smrt.

Da, postoji i druga strana. Iako iz svog prisustva otklanja greh i grešnike, Bog istovremeno privlači ljude sebi kako bi ih preobrazio na svoju sliku, da bi mogli da pokažu njegovu svetu ljubav svim narodima – kako bi se „zemlja ispunila spoznanjem slave Gospodnje, kao što voda prekriva more" (Avak. 2,14). Kako će se zemlja ispuniti? Setite se Božije zapovesti Adamu i Evi da ispune zemlju: nosioci njegove slike, oni koji su nanovo rođeni Duhom, ispuniće prvobitnu zapovest i čitavom svetu pokazati koliko je Bog pun ljubavi, svet i pravedan.

Naše crkve su tačke iz kojih ovo počinje, kao čiode raspoređene na mapi. One su ambasade Božije slavne, svete ljubavi. Pavle nam kaže da je osnovna svrha crkve da se: „...kroz Crkvu, poglavarima i vlastima na nebesima obznani mnogostruka Božija mudrost" (Ef. 3,10). Zbog toga se Pavle moli za našu snagu: „da budete u stanju sa svima svetima da shvatite kolika je širina i dužina i visina i dubina Hristove ljubavi, da spoznate da ona prevazilazi svako znanje – da se ispunite do sve Božije punoće" (stihovi 18-19). Pokazati Božiju mudrost i slavu znači spoznati i doživeti Hristovu ljubav – njenu širinu, dužinu, visinu i dubinu.

ŠTA OVO ZNAČI ZA VAS

Ima još toga da se nauči o crkvenoj disciplini. Kada dolazi do obnove? (Kada dođe do pokajanja). Kako crkva sprovodi disciplinu? (Tako što u nju uključuje što manje ljudi, tako što pojedincima daje mogućnost da dokažu da nisu sagrešili, tako što dopušta crkvenim vođama da vode ovaj proces, tako što na kraju uključuje čitavu zajednicu itd.) Želeli smo da makar zagrebete po površini ove teme.

Zaključili smo da je crkvena disciplina teška, ali se njome iskazuje ljubav. Ona štiti ljude od samoobmane. Jednom smo supruga i ja morali da predočimo bliskoj prijateljici da je jedna odluka koju je donela na poslu grešna. Odbila je naš pokušaj da je korigujemo. Onda smo uključili još dvoje prijatelja, a onda još dvoje. Svaki put je odbila našu ljubav. Nekoliko puta tokom ovog procesa, koji je trajao nekoliko nedelja, mučio me je stomak i nisam mogao da spavam – a ništa od toga nije uobičajeno za mene. Ipak smo bili uporni jer smo verovali da je Bog mudriji od nas, da ima više ljubavi nego mi i da možemo da verujemo njegovoj Reči. Bilo je divno kada nam je ova žena naposletku rekla da je opozvala svoju grešnu odluku. Slava Bogu! Bilo je teško, ali vredelo je.

Međutim, pored toga što štiti ljude od samoobmane, crkvena disciplina takođe štiti ranjive članove od predatora. Čitatelji se možda sećaju pokreta #MeToo iz 2018. godine, koji je dao glas žrtvama seksualnog nasilja. Oznaka #ChurchToo pojavila se nedugo zatim. Sve više ljudi počelo je da proziva različite crkve kako bi skrenuli pažnju na njihovo grešno zapostavljanje nasilja. Ako je zlostavljanje strašno, crkva koja ga ignoriše je bar jednako toliko strašna, upravo zato što je Bog odredio crkvu kao mesto okrepe, isceljenja i obnove od svih nepravednih stvari koje nam se događaju u svetu, uključujući zlostavljanje i napade. Taj pokret je, bez sumnje, trebalo pozdraviti i bilo je dobro za crkvu da čuje ovako nešto. Srećom, mnoge crkve već dugo verno prate da li se tako nešto događa i bore se sa tim odlučno i brzo. Ostale to ne čine. One ostaju nedovoljno obrazovane, loše opremljene i sporo reaguju. Ili, što je još gore, odbijaju da vide problem. U oba slučaja, kako bismo išli napred, rešenje nije da odemo iz crkve. Rešenje je da se postaramo da naše crkve otvore Bibliju i prihvate se svake alatke koju nam je Bog podario da (u najboljem slučaju) sprečimo ili (u najgorem) odgovorimo na nasilje: kulturu učeništva i discipline. Crkvi koja sprovodi disciplinu na ponizan, odgovoran način pun ljubavi nije potrebna oznaka #MeToo ili #ChurchToo.

Šta iz svega ovoga možete naučiti? Postarajte se da sa drugim članovima crkve gradite odnose kako biste mogli da ih upoznate i kako bi oni mogli da upoznaju vas. Poverenje raste u okolnostima u kojima može da se razgovara ponizno i otvoreno. Trudite se da budete osoba koju je lako korigovati. Ukoliko niste takva osoba, vaši prijatelji i porodica brzo će shvatiti da je uzaludno, čak i opasno, korigovati vas i prestaće to da rade. Zbog toga ćete biti veoma nezaštićeni!

Dozvolite ljudima da vas upoznaju. Budite otvoreni za konstruktivne kritike. Priznajte greh. Rizikujte da budete osramoćeni. Ohrabrite druge u njihovom životu s Hristom. Budite spremni da vodite neprijatne razgovore u kojima nežno i polako korigujete greh. To obično znači da ne okrivite nekoga na samom početku, već da započnete razgovor postavljanjem nekog pitanja kako biste bili sigurni da sve ispravno razumete.

Sve ovo nije posao samo pastora već i posao svakog člana crkve. Kada vi i ostali članovi vaše crkve živite na ovaj način, većina discipline u vašoj crkvi neće ići dalje od jedne ili dve osobe. Starešine nikada neće ni čuti za problem. Telo će funkcionisati onako kako treba, svaki ud će u ljubavi sačinjavati telo (Ef. 4,15-16). Malo-pomalo, pokazujući sve više Božiju slavu, vaša crkva će postati ambasada koja predstavlja Božiju svetu ljubav.

PREPORUČENA LITERATURA

➢ Leeman, Jonathan. *Understanding Church Discipline*. Nashville: B&H, 2016.
➢ Leeman, Jonathan. *The Rule of Love: How the Local Church Should Reflect God's Love and Authority*. Wheaton, IL: Crossway, 2018.

Crkva je grupa hrišćana (poglavlje 2)

↓

koji se okupljaju kao zemaljsko predstavništvo
Hristovog nebeskog carstva (poglavlje 3)

↓

da bi objavili radosnu vest i
zapovesti Hrista Cara (poglavlje 4),

↓

kroz obrede potvrdili jedni druge kao
građane tog carstva (poglavlje 5),

↓

pokazali svetost i ljubav samog Boga (poglavlje 6)

↓

kroz različite ljude koji su ujedinjeni (poglavlje 7)

↓

u čitavom svetu (poglavlje 8)

↓

i koji prate učenje i primer starešina (poglavlje 9).

7
KAKO DA VOLIM ČLANOVE KOJI SU DRUGAČIJI OD MENE?

Kolin Hansen

Zamislite da želite što pre da izgradite crkvu. Vaš glavni cilj je brojčani rast. Želite da privučete ljude. Koja je vaša strategija?

Verovatno biste počeli s propovedanjem, zar ne? Danas putem knjiga, podkasta i videa možete steći pratioce širom sveta. Možda ćete čak zaključiti da je internet ili virtuelna crkva najbrži način da povećate broj članova. Najlakše ćete doći do mnogo ljudi ako u središtu crkve bude jedan dinamičan propovednik.

Ali to nije jedini način. Razmislite o muzici. Mnoge crkve još su zaglavljene u prošlosti sa svojim tzv. tradicionalnim slavljenjem. Dakle, u vašoj crkvi će se svirati samo najnovija, najmodernija muzika. Zaposlite dvadesetak muzičara, a možete čak i da ih ohrabrite da objave album. Na taj način steći ćete pratioce na internetu, a oni će verovatno doprineti brojčanom rastu vaše crkve, koja će biti na dobrom glasu jer je moderna.

Šta je sa zajedništvom? Ljudi kažu da žele slavljenje i propovedanje, ali zapravo samo žele nove prijatelje. To nije lako izvesti, jer su svi zauzeti radeći i putujući. Ipak, čini se da su male grupe najefikasniji način da pomognete ljudima da se upoznaju jedni s drugima. Ali kako ih organizovati? Mogli biste da spojite ljude po mestu gde žive. Neke već postojeće grupe prijatelja mogu postati mala grupa. Međutim, verovatno je najbolje da ljude organizujete po fazi života u kojoj se nalaze ili interesovanjima. Stavite sve nove roditelje zajedno. Stavite sve samce u jednu grupu, a one kojima su sva deca već odrasla u drugu. Započnite grupu ljudi koji voze motocikle. Drugu u kojoj svi vole da pletu. Mogućnosti su neograničene. Vremenom, ljude će privući vaša crkva i sve aktivnosti koje nudite. Imaćete najbolji omladinski rad u gradu, pa će mnogi roditelji otići iz svoje crkve i doći u vašu. Započnite službe nedeljom uveče kako bi muškarci koji vole golf mogli da imaju slobodno jutro. Ukoliko ljudi mogu da dolaze u vašu crkvu, a da ne promene svoj način života, vaša crkva će rasti.

Ova vežba daje vam uvid u razmišljanje mnogih crkvenih vođa danas. Počeli smo tako što smo kao cilj postavili brojčani rast. Da li ste uspeli da vidite šta se krije iza svih ovih strategija? Ljudi vole da budu okruženi sličnima sebi. Osećaju se prijatno okruženi poznatim, predvidivim načinom života. Žele da budu sa ljudima koji uživaju u istom načinu propovedanja, koji imaju isti muzički ukus i postavljaju ista pitanja o braku, roditeljstvu i zabavljanju – a često i s ljudima koji imaju istu boju kože. Najbrži i najefikasniji način da izgradite veliku crkvu jeste da nađete ljude koji imaju ista interesovanja i da im se prilagodite u načinu na koji propovedate, pevate i gradite prijateljstva. To nije novi trend. Tako je bilo kroz veliki deo crkvene istorije.

7 KAKO DA VOLIM ČLANOVE KOJI SU DRUGAČIJI OD MENE?

Zbog toga treba ponovo da otkrijemo crkvu kao zajednicu različitih ljudi. Isus nas uči da je lokalna zajednica mesto na kojem treba da volimo različite ljude, čak i svoje neprijatelje – sva plemena, sve rase, sve narodnosti. Kao jutarnje sunce koje se pomalja na horizontu, tako i ispunjenje starozavetnog proroštva treba da počne u zajedništvu:

> Oni će svoje mačeve prekovati u raonike,
>   I koplja u kosire.
> Narod neće dizati mač na narod,
>   Niti će se više obučavati za rat (Is. 2,4).

Zato se osvrnite oko sebe nedeljom kada imate zajednički ručak u crkvi, sredom dok sa malom grupom idete u posetu staračkom domu ili petkom ujutro na muškom molitvenom sastanku i zapitajte se šta vidite. Vidite li zajednicu različitih ljudi koja je ujedinjena i puna ljubavi?

CRKVA ZA GREŠNIKE

Kada ih posmatramo sa strane, Isusovih dvanaest učenika deluju prilično slično: muškarci Jevreji. Neki od njih su pre nego što ih je Isus pozvao da ga slede bili ribari. Nije nam poznato zanimanje ostalih učenika, ali znamo da je Isus pozvao Mateja dok je bio na carinarnici (Mt. 9,9). Možda ne razmišljamo mnogo o detaljima, ali Matej je znao da je to važno njegovim jevrejskim čitaocima. Zbog čega? Zbog toga što su Jevreji mrzeli carinike – ne na način na koji ljudi mrze poresku upravu, već mnogo više. Jevreji koji su bili carinici radili su za omraženu okupatorsku silu. Sakupljali su novac koji je hranio i snabdevao upravo one rimske vojnike koji su nad njima svirepo vladali. To što je Isus pozvao Mateja naljutilo je fariseje: „'Zašto vaš učitelj jede s carinicima i grešnicima?' A Isus je to čuo, pa reče: 'Nije zdravima potreban lekar, već bolesnima. Nego, idite i naučite šta znači: 'Milosrđe hoću, a ne žrtve.' Jer, ja nisam došao da pozovem pravednike, nego grešnike'" (Mt. 9,11-13).

Danas su mnogi, i unutar crkve i van nje, jednako zbunjeni kao i fariseji. Zar crkva nije za ljude sa ispravnim pogledom na politiku? Zar crkva nije za ljude koji imaju sređen život? Zar crkva nije za ljude koji izgledaju, razmišljaju i govore kao ja?

Posetiocu koji nije upoznat sa crkvom svi deluju tako srećno, uspešno i sređeno, a ponekad crkva i želi da ostavi upravo taj utisak.

Međutim, to nije ono što je Isus nameravao. Samo bolesni idu kod lekara. Samo grešnici idu u crkvu. Fariseji su mislili da su pravedni bez Isusa. Mislili su da im nije potreban. Sa druge strane, Matej i drugi grešnici znali su koliko im je Isus potreban. Stideli su se svoje prošlosti i grizla ih je savest zbog onoga što su uradili ili nisu uradili. Isusova ljubav bila je drugačija od svega što su ranije doživeli. Nekada su bili odbačeni, a sada su bili blizu Božijeg Sina! Nisu mogli da žive bez njega.

Ovi carinici i grešnici bez Isusa ne bi imali zajedništvo jedni sa drugima. Nisu imali mnogo toga zajedničkog, osim činjenice da su ih fariseji odbacivali. Ipak, Isus je ujedinio ljude koji inače ne bi bili prijatelji ili saveznici. U istu grupu od dvanaest učenika Isus je takođe pozvao i čoveka po imenu Simon, koga su svi zvali Zilot (Dap. 1,13). Zilotska stranka naporno je radila kako bi zbacila rimsku okupaciju. Prezirali su fariseje što ne rade dovoljno da isteraju strance, a stvarno su mrzeli kolaborante – ljude poput Mateja carinika.

Možete zamisliti koliko su razgovori oko vatre bili neprijatni između Simona i Mateja. Ipak, Isus je pozvao obojicu. Obojicu ih je voleo. Godine svog života posvetio je učenju obojice o nebeskom carstvu, koje prevazilazi sve zemaljske podele.

NEGATIVNA ZAJEDNICA

Razlog zbog kojeg moramo ponovo otkriti crkvu kao zajednicu različitih ljudi jeste taj što tako lako preuzimamo svetovne ideje o zajednici. Svet nam pruža dve mogućnosti. Prva od nas traži da slavimo različitost tako što ćemo razlike u narodnosti, nacionalnosti, polu i, sve češće, seksualnoj orijentaciji postaviti na prvo mesto. Takav pogled nas uči da se osećamo ispravno i dobro kada su u našu zajednicu uključene sve ove različitosti. Prostorija puna lica iste boje deluje pogrešno, pa čak i nemoralno.

Druga od nas traži da slavimo jednoobraznost. U većini sveta različite narodnosti se ne mešaju – ili bar ne bi trebalo. Možda živite u zabačenoj oblasti u kojoj postoji samo jedna ekonomska klasa i jedna narodnost; u zemlji gde kastni sistem razvrstava ljude pre nego što se rode i ne pruža im mogućnost da promene svoj položaj; u političkom sistemu koji zahteva poslušnost državi u svemu, čak i religiji. U takvom društvu jednoobraznost se smatra najvišom vrednošću. Prostorija puna ljudi koji se ne slažu jedni sa drugima po pitanju politike ili pogleda na svet deluje pogrešno, pa čak i nemoralno.

Isprva nam se može učiniti da ova dva pogleda – različitost i jednoobraznost – vode u dva različita smera. Međutim, očigledne razlike među njima sakrivaju sličnosti koje leže u njihovim osnovama. Oba pogleda stvaraju zajednicu pomoću isključenja. To je očiglednije u pogledu koji zastupa jednoobraznost. Ako u dvorište stavite pogrešan znak, ako ne idete u pravu crkvu ili se družite s ljudima iz pogrešne kaste, isključeni ste iz zajednice. Isto se, međutim, dešava u težnji ka raznolikosti. Dozvoljena je samo određena vrsta različitosti. Možete biti iz druge narodnosti, ali ne možete da se ne slažete oko seksualne etike. Možete biti ponosni što ste iz druge države, ali ne možete da podržavate pogrešnu političku stranku. Mogu vas uzdizati zbog vašeg pola, ali ne kada zastupate stav da među polovima postoje biološke razlike.

Kakva god bila njihova početna tačka, oba pogleda stvaraju zajednicu pomoću isključenja. One su kao ženski i muški klub na koledžu, koji stvara zajednicu tako što iz kluba isključuje mnoge ljude. Možete postati član samo ako vam to dopuste. Isto je i sa kantri klubom ili delom grada koji neželjene stanovnike filtrira pomoću visine primanja, sa pobunom koja ne dozvoljava unutrašnje pobune ili programom univerziteta koji ne podržava slobodu mišljenja i ideološka neslaganja. Možete biti član jer neko drugi nije.

KAKO DA VAS SVET PRIMETI

Naše crkve ponekad preuzmu jedan od ova dva stava, pa teže ili jednoobraznosti ili raznolikosti, jer je to ono što znamo o zajednicama. Ne znamo kako da održimo crkvu u kojoj se ljudi ne slažu po pitanju politike, jer se trudimo da se ne družimo sa ljudima zbog kojih se osećamo neprijatno. Ne znamo kako da izgradimo multietničku crkvu, jer naš život nije ispunjen pripadnicima različitih naroda. Ne znamo kako da uključimo različite ekonomske klase, jer ih nema u našem delu grada. Ne znamo kako da kao prioritet postavimo naše jedinstvo u Hristu, jer smo navikli da se usredsredimo na primećivanje fizičkih razlika.

Kada crkva prati ove svetovne obrasce, svet je ne primećuje. Zašto? Jer ljudima iz sveta nije potrebna crkva za tu vrstu zajedni-

7 KAKO DA VOLIM ČLANOVE KOJI SU DRUGAČIJI OD MENE?

štva. Možete se uključiti u protestni marš ili u političku stranku ukoliko želite da sa nekim podelite strast prema određenoj ideologiji. Možete se pridružiti sportskom timu ili klubu za video igrice ukoliko su vam potrebni prijatelji sa kojima možete da provodite vreme. Možete sesti sa starcima u kafić u svojoj ulici ukoliko želite da se žalite na vremenske prilike ili bolove koji vas muče. Crkva kakvu svet primećuje spaja ljude koji se najčešće ne mogu videti u istim krugovima – carinike i zilote, grešnike i fariseje. To je ono što je prvu crkvu učinilo toliko čudnom da su neki rekli da je uzbunila ceo svet (Dap. 17,6).

U starom svetu religija je bila povezana sa identitetom, naročito sa političkim stavovima i etničkom i plemenskom pripadnošću. Kada bi ljudi odlazili u rat, borili bi se protiv naroda koji su slavili druge bogove i imali drugačije poglavare. Rimljani su pokoravali manje narode poput ovih širom poznatog sveta. Jevreji su im bili čudni jer su govorili da postoji samo jedan Bog, a ne mnogo njih, ali nisu zabranjivali slavljenje tog Boga u hramu sve dok se Jevreji nisu pobunili protiv rimske političke vlasti.

Hrišćani su bili drugačiji. Slavili su istog Boga, ali su takođe slavili i čoveka, Isusa, koji je tvrdio da je Bog. Čudno je bilo to što su hrišćani isto tako tvrdili da on nije bio neki lokalni učitelj ili politički revolucionar, već Gospod čitavog svemira. I iako se Isus potčinjavao lokalnim vlastima, takođe je tvrdio da nemaju nikakvu vlast osim one koju im je on dao. Niko pre toga nije video niti čuo ništa slično. Hrišćanstvo je tada bilo neobično privlačno ljudima širom Rimskog carstva, jer je Isus zbližio ljude koji se obično nisu družili jedni sa drugima – robove i slobodne, siromašne i bogate, Jevreje i pagane. Ovi ujedinjeni različiti pojedinci činili su da hrišćanstvo bude i velika pretnja političkoj moći Rima, koji je ispravno uvideo da je njegova vlast potčinjena vrednostima jednog višeg carstva.

Ova vrsta zajednice, zajedništvo različitih ljudi koje Hristos ujedinjuje, jeste upravo ono što treba ponovo da otkrijemo u crkvi. To je zajednica koju svet primećuje. To je crkva koja preti statusu kvo u svetu. Ona je izgrađena na međusobnoj ljubavi i veri u Isusa Hrista. Zato je apostol Pavle podsticao Efesce:

> Živite dostojno poziva kojim ste pozvani. Sa svom poniznošću i krotkošću, strpljivo podnosite jedan drugoga u ljubavi, trudeći se da pomoću spone mira održite jedinstvo Duha. Jedno je Telo i jedan Duh, kao što ste i vi, kada ste pozvani, na jednu nadu pozvani. Jedan je Gospod, jedna vera, jedno krštenje. Jedan je Bog i Otac svih, koji je nad svima, kroz sve i u svima (Ef. 4,1-6).

Nijedna pandemija, izbori ili viralni video ne može predstavljati pretnju ovoj vrsti jedinstva. Kada dođe do neslaganja, ovakva zajednica se još više zbliži kroz ljubav, empatiju i poverenje. Njeni članovi se „trude da pomoću spone mira održe jedinstvo."

PREVAZILAŽENJE PODELE

Isto tako, ovakva zajednica može da prevaziđe ljudske podele, jer njeni članovi vrednuju i poštuju razlike. Apostol Pavle se trudio da koriguje crkvu u Korintu koja se borila da pronađe jedinstvo usred različitosti. Crkvene podele nadahnule su njegovo poznato učenje o ljubavi: „Ljubav sve štiti, sve veruje, svemu se nada, sve trpi" (1. Kor. 13,7).

7 KAKO DA VOLIM ČLANOVE KOJI SU DRUGAČIJI OD MENE?

Njihove podele takođe su ga podstakle da napiše svoje najjasnije učenje o Hristovom telu. Iskoristio je tu sliku kako bi objasnio da je crkvi potrebno da svi njeni članovi rade zajedno. U jednom telu stopalo ne gleda na ruku s prezirom. Uho nije ljubomorno na oko, jer vam je potrebno da čujete isto onoliko koliko vam je potrebno da vidite. Svi znamo koliko bola i neprijatnosti može doći od dela tela o kojem niste mnogo razmišljali. Zato je Pavle rekao kako tzv. manje važne delove tela nikada ne smemo uzimati zdravo za gotovo. „Ali, Bog je sastavio telo, pa je veću čast dao onom udu koji je nema, da u telu ne bude razdora, nego da se udovi jednako brinu jedan o drugom. Ako jedan ud pati, svi udovi pate s njim i ako se jedan ud slavi, svi udovi se raduju s njim" (1. Kor. 12,24-26).

IZDRŽLJIVIJA CRKVA

Telo je zajednica različitih delova. Nismo svi isti i potrebni smo jedni drugima. Nismo svi primili iste darove, a Bog je to naumio za naše dobro. Ispovedamo istu veru u Isusa Hrista, ali imamo mnogo različitih iskustava. To je Božija vizija za crkvu koju moramo ponovo da otkrijemo. Ovaj obrazac nas ne uči kako da na najbrži način izgradimo najveću moguću crkvu, već kako da crkva koju izgradimo bude zdrava i izdržljiva.

Ako želite brzo da dođete do velike crkve, u njenom središtu biće jedinstven karakter vašeg pastora i zanimljive propovedi, a ne različiti darovi koje je Bog dao svakom delu tela. Takođe ćete birati muziku koja odgovara godinama ljudi u crkvi, klasi i demografskom sastavu (na primer, belci, profesionalci u dvadesetim godinama koji imaju dovoljno novca i mnogo vremena i kojima je potrebna nekakva zajednica).

Suština nije da su ovakve crkve neispravne i grešne. Zapravo, mnoge, ako ne i većina crkava kroz istoriju, sastojale su se od iste vrste ljudi sa istom vrstom interesovanja. U nekim slučajevima, kao što je to slučaj sa nacionalnim manjinama u Sjedinjenim Državama, zbog rasizma ili jezičkih prepreka ove grupe su osnovale posebne crkve. Naravno da Bog koristi različite vrste crkava kako bi isti grad dosegao radosnom vešću o Isusu.

Ipak, primer Isusovih učenika i prve crkve koju je vodio Pavle pokazuje nam nešto što danas ponovo moramo da otkrijemo. Politika i pandemija su mnogim zajednicama donele stres koji je doveo do pucanja. Možda vam deluje kao da je lakše pronaći crkvu u kojoj svi misle, glasaju i greše na isti način kao vi. Međutim, za vaš duhovni rast je bolje da budete u zajedništvu sa različitim ljudima.

Da cenite ljude čije sposobnosti su drugačije od vaših.

Da se svemu nadate u ljubavi.

Da pomoću spone mira održavate jedinstvo Duha.

Da poštujete i zilota i carinika koji sede pored vas.

Želite da pronađete crkvu koja privlači pažnju sveta? Nađite crkvu koja izgleda kao svet koji tek dolazi.

PREPORUČENA LITERATURA

➢ Dever, Mark, and Dunlop, Jamie. *The Compelling Community: Where God's Power Makes a Church Attractive*. Wheaton, IL: Crossway, 2015.

➢ Ince, Irwyn L., Jr. *The Beautiful Community: Unity, Diversity, and the Church at Its Best*. Downers Grove, IL: InterVarsity Press, 2020.

Crkva je grupa hrišćana (poglavlje 2)

↓

koji se okupljaju kao zemaljsko predstavništvo
Hristovog nebeskog carstva (poglavlje 3)

↓

da bi objavili radosnu vest i
zapovesti Hrista Cara (poglavlje 4),

↓

kroz obrede potvrdili jedni druge kao
građane tog carstva (poglavlje 5),

↓

pokazali svetost i ljubav samog Boga (poglavlje 6)

↓

kroz različite ljude koji su ujedinjeni (poglavlje 7)

↓

u čitavom svetu (poglavlje 8)

↓

i koji prate učenje i primer starešina (poglavlje 9).

8
KAKO DA VOLIMO LJUDE VAN CRKVE?

Kolin Hansen

Čemu služi crkva? Šta je ono što treba da se dogodi tokom svih omladinskih sastanaka, na službama, biblijskim proučavanjima i u malim grupama? Kako treba da se osećate i šta treba da radite kada ste deo crkve?

Možda su vam odgovori na ova pitanja očigledni. Međutim, tokom istorije crkve su na njih odgovarale na najmanje četiri različita načina. Ta četiri odgovora možemo uporediti sa onim čemu nas Božija reč uči o tome šta crkva treba da čini za svoje članove i ljude van crkve. Neki od ovih odgovora će se preklapati, jer ne isključuju nužno jedan drugi. Ipak, crkve obično daju prednost jednom pristupu u odnosima između članova i ljudi koji to nisu.

Prvo, neki veruju da crkva služi za evangelizaciju. Cilj crkve je da ljudi nedeljom ujutro dođu u crkvenu zgradu kako bi čuli radosnu vest o Isusu i obratili se. Propovedanje i učenje drže se osnovnih tema: našeg problema sa grehom, Isusove žrtve i neophodnosti vere. Propovedi najčešće govore o odnosima, roditeljstvu, finansijama, pop kulturi i ostalim temama koje mogu zanimati ljude van crkve. Propovednik se trudi da ove životne situacije poveže sa našom potrebom za Isusom.

Drugo, neki veruju da crkva služi za dobra dela. Cilj crkve je da koristi članove za konkretnu pomoć ljudima van crkve. Ovakve crkve osnivaju kuhinje za beskućnike i prodavnice polovne odeće. Imaju programe za zapošljavanje bivših zatvorenika i drže časove engleskog imigrantima i izbeglicama. Propovedanje i učenje stavljaju akcenat na Isusova dobra dela i njegovu zapovest da volimo bližnjeg kao samog sebe. Vođe ohrabruju članove da rade i glasaju za promenu koja će pomoći siromašnima izvan crkve. Službe sadrže obaveštenja o radnim akcijama i ističu potrebu za volonterima. Takođe se ostavlja prostor za izveštaje ljudi van crkve kojima je neki član pomogao.

Treće, neki veruju da crkva služi za isceljivanje. Cilj crkve je da pokaže ljudima van crkve kako život postaje bolji kada dođu u crkvu. Propovedanje i učenje naglašavaju Isusova čuda i silu Svetog Duha i to kako nam on daje istu sposobnost da isceljujemo ljude od njihove fizičke, duhovne, finansijske i mentalne patnje danas. U propovedima se ističe da članovi uz Božiju pomoć mogu prevazići svaki problem. Na službama se svira poletna muzika, a ljudi telom pokazuju da ih Duh pohodi. Neke službe mogu biti gotovo potpuno posvećene molitvi za trenutno iscelenje.

Četvrto, neki veruju da crkva služi da deli milost. Cilj crkve je da članovima pruži oproštenje koje nisu mogli da prime bez crkve. Propovedanje i učenje fokusiraju se na crkvenu ulogu posrednika između ljudi i Boga. Vrhunac službe je kada članovi od vođe prime Hristovo telo i krv u vidu hleba i vina. U ovakvoj vrsti crkava lako prepoznajete mnoge sličnosti među službama, čak i ako ste član neke druge zajednice.

Možda ste u jednom od ovih scenarija prepoznali svoju trenutnu crkvu. Možda ste prepoznali dve ili tri crkve koje znate. A možda ste toliko novi u crkvi da su vam sve vrste jednako nepoznate! Možda ćete, iako niste član, posetiti neku crkvu i imati osećaj da je sve organizovano da se vi osećate dobro. U drugoj crkvi možda vas niko neće primetiti. U ovom poglavlju ćemo, dakle, nastojati da vam pomognemo da ponovo otkrijete crkvu tako što ćemo istražiti učenje Biblije o svrsi crkve i kako su ljudi unutar crkve i ljudi van crkve povezani.

VELIKO POSLANJE

Počećemo sa poslednjim rečima koje je Isus uputio svojim učenicima pre nego što se uzneo na nebo, nakon svog vaskrsenja:

> Data mi je sva vlast na nebu i na zemlji. Zato idite i sve narode učinite mojim učenicima, krsteći ih u ime Oca i Sina i Svetoga Duha, učeći ih da se drže svega što sam vam zapovedio. I evo, ja sam s vama svakog dana, sve do kraja sveta (Mt. 28,18-20).

Isus je završio ovu oproštajnu poruku tako što je objasnio ko je on. Njemu pripada sva vlast, tako da je njegova zapovest obavezujuća. Učenici nisu imali vlast da rade štogod požele. Isus je pre toga obećao da će sagraditi svoju crkvu. Samo on ima pravu vlast. Takođe je obećao da će, šta god zadesi njegove učenike, on biti s njima, ali ne samo do kraja njihovog života. Ovo obećanje i zapovest odnose se na sve učenike koji će doći, do kraja vremena.

S obzirom na to da je Isus ovo rekao pre nego što se uzneo na nebo, njegovo obećanje mora da je utešilo učenike, koji nisu znali šta ih čeka nakon što on ode.

Isus je svoju oproštajnu poruku rekao apostolima, ljudima koji su bili u centru događanja i koji su sa njim hodali i razgovarali godinama. Ipak, važno je primetiti da Isus nije rekao ništa o činjenici da su oni hodali sa njim, već je govorio o tome šta da učine za ljude koji nisu. Kao što je Isus učinio apostole svojim učenicima, tako i oni treba da idu i čine druge ljude njegovim učenicima. Međutim, uslovi su se drastično promenili. Njihovo polje delovanja proširiće se mnogo dalje od granica Galileje i grada Jerusalima. Isus ih je poslao „svim narodima".

Zanimljivo je osvrnuti se i videti kako su ga poslušali i kako su činili ljude njegovim učenicima svuda, od Indije, preko Afrike, do Evrope.

Šta je onda bilo potrebno da apostoli, koji su hodali sa Isusom, urade kako bi druge ljude učinili Isusovim učenicima? Za početak je trebalo da krštavaju. Crkve se danas ne slažu oko toga da li krštenje treba da se desi nedugo nakon rođenja ili nedugo nakon ispovedanja vere u Isusa Hrista. Razmatranje tog problema prevazilazi granice ove kratke knjige. Ipak, svi se slažu da su učenici krštavali nove vernike u ime Oca, Sina i Svetog Duha, kao što im je Isus zapovedio. To znači da su ih učili o Trojstvu, jednom Bogu u tri osobe. S obzirom na jevrejsko verovanje u jednog Boga i rimsko verovanje u više bogova, propovedanje ove doktrine bio je dugačak proces koji je zahtevao strpljenje i pažljiv pristup, jer nije bila očigledna ljudima na koje su apostoli nailazili, gde god da su putovali.

Poslednja zapovest koju Isus daje obuhvata gotovo sve što možete da zamislite: „...učeći ih da se drže svega što sam vam zapovedio." U Bibliji imamo četiri knjige pune Isusovog učenja. Učenici su sa njim takođe proveli nekoliko godina. Nisu mogli da ispune ovu zapovest tako što bi propovedali samo o krstu i praznom grobu, a onda očekivali od ljudi da donesu odluku i poveruju u Hrista. Da, obraćenje dovodi do toga da ljudi van crkve postanu ljudi iz crkve. Ali novoobraćeni moraju da nauče da se drže Isusovog učenja. Baš kao što je Isus bio primer apostolima, tako su apostoli morali da uče nove vernike da slede njihov primer i učenje, u skladu sa Isusovim zapovestima. Ponavljam, poslušnost ovom aspektu onoga što zovemo Veliko poslanje zahtevalo je vreme i strpljenje. To verovatno nije nešto što se može postići preko video poziva, a pogotovo ne preko jednosmernih podkasta. Takvo učenje se najbolje postiže uživo, kroz odnose i razgovore – u crkvi.

CRKVA DANAS

Šta onda iz Velikog poslanja možemo da zaključimo o svrsi crkve? Kako su ljudi unutar crkve povezani s ljudima van crkve? Vidimo da je Isus rekao prvim crkvenim vođama, koji su hodali sa njim, da se postaraju da se ljudi van crkve obrate i tako postanu ljudi iz crkve. Taj proces je možda počeo s njihovim porodicama, decom ili širom familijom, ali je naposletku dosegao strance širom sveta. Crkva nikada ne sme da zaboravi poziv na evangelizaciju. Čime god da se pored toga bavi, ona mora da poučava i primerom pokazuje kako postati učenik Isusa Hrista.

Vidimo da crkva mora da gradi duboke i trajne odnose. Nemoguće je ljude koje jedva poznajete i retko viđate naučiti svemu što je Isus zapovedio. Štaviše, u poređenju sa proteklim vekovima, danas podučavanje svemu onome što je Isus zapovedio iziskuje još više vremena, jer smo, bar na Zapadu, i više zbunjeni po pitanju religije nego ljudi na koje su apostoli nailazili. Kroz istoriju hrišćanstva, kako u evropskoj uspostavljenoj crkvi, tako i u američkoj ležernijoj verziji, ljudi su znali kako da se u crkvi pretvaraju, čak i kada nisu zaista verovali u Isusa. Znali su sve izraze. Slavili su praznike. Znali su da nabroje tri osobe Trojstva jednako lako kao i tri grane američke vlade. To nazivamo hrišćanskim nominalizmom. Ipak, nominalizam polako nestaje sa Zapada, osim možda iz nekih zabačenih delova.

Često razgovaram sa omladinskim pastorima. Tokom proteklih najmanje pet godina mnogo puta sam čuo ovakvu poruku: za isti napredak kao pre deset godina potrebno je duplo više truda. Sve manje i manje ljudi van crkve zna o Isusovim rečima išta više od uopštenog učenja o sudu i ljubavi. Kada postanu članovi crkve, ne razumeju u potpunosti šta znači slediti Isusa – ko on jeste, šta je učinio i šta je zapovedio. Ponovno otkrivena crkva ne može sebi priuštiti da ponavlja osnovne mantre samopomoći i ostane u teološkom plićaku. Tako plitka vera ne pomaže novim vernicima da budu pokorni Isusu, naročito zato što je Isus rekao da očekujemo da će svet mrzeti njegove sledbenike (Mt. 5,11; 10,22; Mk. 13,13; Lk. 21,17; Jn. 5,18).

Slično upozorenje važi i za crkve koje su usredsređene na isceljenje i deljenje milosti. Molitva zaista treba da bude odlika svake verne crkve. Duh ima moć da isceljuje – kako ljude u crkvi, tako i ljude van crkve. Ali uloga Duha jeste da nam pomogne da se setimo čemu je Isus poučavao i šta je radio (Jn. 14,26). Bilo koja vrsta fizičkog isceljenja i finansijske pomoći sa ove strane raja jeste dobra, ali nije krajnji cilj. Možda će vam na zemlji biti oprošten dug sa kreditne kartice, ali ukoliko vam Bog nije oprostio grehe krvlju

Isusa Hrista, vaš dug greha ostaje zajedno sa Božijim večnim sudom. Moramo biti pažljivi kako ne bismo naveli ljude da pomisle kako članstvo u crkvi donosi opipljivu finansijsku dobit ili fizičko isceljenje sada i ovde. Ukoliko to učinimo, Isus postaje sredstvo za ostvarenje svetovnog i privremenog cilja.

Kada se radi o deljenju milosti u crkvi, hodamo po ivici. Ova knjiga govori o tome zašto je Hristovo telo suštinski važno. Bog je dao vlast crkvenim vođama da u njegovo ime sprovode čin krštenja i uzimanja Gospodnje večere. Oni su odgovorni za ove obrede milosti u kojima mogu da učestvuju samo članovi crkve. Ne možete samo da se brčnete u bazenu, pojedete malo hleba i popijete malo soka i to nazovete crkvom.

Sa druge strane, nijedan puki smrtnik ne određuje vašu duhovnu sudbinu, bilo da se nalazite u crkvi ili van nje. Apostol Pavle je rekao Timoteju, svom štićeniku i pastoru crkve u Efesu: „Jer, Bog je jedan i jedan je posrednik između Boga i ljudi – čovek Hristos Isus, koji je samoga sebe dao kao otkupninu za sve – svedočanstvo u pravo vreme" (1. Tim. 2,5-6). Milost dolazi od Boga svima koji je kroz veru zatraže. Ona ne stoji u skladištu crkve da crkvene vođe raspolažu njom po sopstvenom nahođenju. Nije vam potrebna crkva kako biste bili nanovo rođeni, ali potrebna vam je pomoć crkve kako biste hodali na klimavim nogama nove vere.

ŠTA JE SA OSTALIM ISUSOVIM ZAPOVESTIMA?

Do sada smo u ovom poglavlju ustanovili da crkva služi kako bi se kroz obraćenje ljudima van crkve pomoglo da postanu ljudi iz crkve. Kada postanu deo crkve, ostali članovi ih strpljivo i marljivo uče kako da budu poslušni svemu što je Isus zapovedio. Dok ponovo otkrivate crkvu, videćete da to ne ide svakome podjednako dobro. Ponekad ćete čuti mnogo o evanđelju, dakle krstu i vaskrsenju, ali nećete čuti tako mnogo iz Evanđeljâ, one četiri knjige koje se zasnivaju na izveštajima prvih Isusovih učenika. Ona se završavaju krstom i vaskrsenjem nakon desetina poglavlja punih Isusovog učenja. Razumevanje odnosa između evanđelja i Evanđeljâ je ključno u ponovnom otkrivanju koliko crkva treba da bude posvećena evangelizaciji i težnji da svi članovi žive kao udovi posvećeni dobrim delima – podizanju dece u strahu Gospodnjem, odlaženju na posao svakog dana kao da to čine za Hrista, činjenju dobra bližnjima koji nisu hrišćani, čežnji za saosećajnim i pravednim delima, učestvovanju u javnom životu kada za to postoji prilika i drugom.

Sama struktura Evanđeljâ govori nam kako je Isus razumeo svoju misiju da samog sebe preda kao žrtvu za opravdanje naših greha. On je to ovako objasnio svojim učenicima: „Jer, ni Sin čovečiji nije došao da mu služe, nego da služi i da svoj život dâ kao otkupninu za mnoge" (Mk. 10,45; v. i Mt. 20,28). Evanđelje po Mateju oslanja se na trenutak kada je Petar ispovedio da Isus jeste Hristos, davno obećani izraelski Mesija (Mt. 16,16). Od tog trenutka Isus je svojim učenicima počeo da objašnjava da će morati da ode u Jerusalim, da će stradati od ruke jevrejskih poglavara, umreti na krstu i trećeg dana ustati iz mrtvih (stih 21). Kada razumemo ovu Isusovu misiju, tada možemo razumeti misiju crkve da širi evanđelje o onome što je Isus učinio.

Međutim, kada bi to bilo sve zbog čega je Isus došao, ne bi nam bila potrebna ostala poglavlja u Evanđeljima. Ne bi nam bila potrebna Propoved na gori, koja se nalazi u Evanđelju po Mateju 5 – 7. Ne bi nam bilo potrebno Isusovo objašnjenje o tome kako se članovi crkve odnose jedni prema drugima, kako treba da se odnose prema ljudima van crkve i kako treba da doprinose dobrom i pravednom društvu. U ovoj propovedi čujemo da Isus kaže: „Vi ste svetlost sveta. Ne može se sakriti grad koji leži na gori... Neka tako vaša svetlost svetli pred ljudima, da vide vaša dobra dela i da slave vašeg Oca, koji je na nebesima" (Mt. 5,14, 16).

Ovaj odlomak pruža ključ za pomirenje evangelizacije i dobrih dela, ljudi unutar crkve i ljudi van crkve. Da li ste ikada išli na božićnu službu pod svetlošću sveća? Ukoliko niste, veoma lako možete da shvatite kako ona izgleda. Dok peva „O, sveta noć" ili neku drugu božićnu pesmu, svaka osoba upali svoju sveću i preda plamen osobi do sebe. Mračna prostorija s početka pesme na kraju je obasjana svetlošću i toplinom. Jedna zapaljena sveća jarko svetli u tami. Desetine sveća potpuno je odagnaju.

To je ono što se dešava kada su članovi crkve zajedno pokorni Isusovim zapovestima. Zapovestima da savladaju bes. Da se odupru požudi. Da vole svoje neprijatelje. Da daju onima u potrebi. Da se ne brinu ni za šta. Kada se hrišćani unutar crkve ovako ponašaju jedni prema drugima i prema ljudima van crkve, onda svet vidi njihova dobra dela kao grad na gori obasjan jarkim božićnim svetlima. Ta svetlost toliko svetli ljudima van crkve da oni požele da uđu i daju slavu Ocu na nebu.

Naravno, redosled je ovde veoma važan. Hrišćani i crkve prečesto postanu suviše zaokupljeni menjanjem kulture ili grada da zaborave da sopstvene domove dovedu u red. Kao što smo se kroz čitavu ovu knjigu trudili da naglasimo, crkve prvo moraju da promene svoju kulturu i postanu nebeski gradovi na gori. Tek tada njihova ljubav, dobra dela i žudnja za pravdom mogu zaista da se prelivaju na svet. Kada se ovo dogodi, opterećeni stanovnici ovog sveta i njihove propale revolucije mogu da potraže utočište u našim ambasadama.

DOBRI PREMA SVIMA

Dakle, da li crkva postoji za ljude unutra ili ljude napolju? Za sve, na načine koji se upotpunjuju. Apostol Pavle je napisao: „Stoga, dakle, dok imamo priliku, činimo dobro svima, a pre svega braći po veri" (Gal. 6,10). Svako je dobrodošao u crkvu i pozvan da verom postane deo nje.

U crkvi hrišćani uče da budu pokorni svemu što je Isus zapovedio, uključujući i način na koji slave Boga i vole nehrišćane u svojoj porodici, na poslu ili u susedstvu. Kada ljudi u crkvi čine dobro jedni drugima, oni svetle kao baklja svete nade svetu koji je zarobljen u tmini. Adolf Čarls Adam je to dobro iskazao u tekstu božićne pesme „O, sveta noć":

Učio nas je da volimo jedni druge
Njegov zakon je ljubav, a evanđelje mir
Lanci se lome, rob postaje naš brat
U njegovo ime nestaju sve stege

PREPORUČENA LITERATURA

> Keller, Timothy. *Generous Justice: How God's Grace Makes Us Just*. New York: Viking, 2010.
> Stiles, Mack. *Evangelism: How the Whole Church Speaks of Jesus*. Wheaton, IL: Crossway, 2014.

Crkva je grupa hrišćana (poglavlje 2)

↓

koji se okupljaju kao zemaljsko predstavništvo
Hristovog nebeskog carstva (poglavlje 3)

↓

da bi objavili radosnu vest i
zapovesti Hrista Cara (poglavlje 4),

↓

kroz obrede potvrdili jedni druge kao
građane tog carstva (poglavlje 5),

↓

pokazali svetost i ljubav samog Boga (poglavlje 6)

↓

kroz različite ljude koji su ujedinjeni (poglavlje 7)

↓

u čitavom svetu (poglavlje 8)

↓

i koji prate učenje i primer starešina (poglavlje 9).

9
KO TREBA DA VODI?

Džonatan Liman

Svi znaju šta je pastor, zar ne? Čak i ljudi koji nisu hrišćani otprilike znaju ko je on. Ako ništa drugo, videli ste ih na televiziji. Pastori vode crkve. Tokom službe stoje za propovedaonicom. Neko vreme govore. Možda, nakon službe, stoje pozadi pored izlaza i pozdravljaju ljude na odlasku. Tokom nedelje rade druge stvari. Ili tako nešto.

Možda bi bilo bolje reći da većina ljudi ima nekakvu ideju o tome šta je pastor. Ta ideja je nastala iz iskustva, bilo sa televizije ili posmatranjem pastora crkve u koju ste povremeno išli kao deca.

To znači da ako uporedimo svoje ideje, shvatićemo da su različite. Nekima na um pada zgodan i harizmatičan zabavljač kome lako ide od ruke da očara pet hiljada ljudi brzo poput komičara. Drugi pomisle na pristojnog, starijeg gospodina čije se propovedi oduže i pomalo ih je teško pratiti, jer je većinu nedelje proveo posećujući bolnice i pomažući bližnjima u nevolji. Neki zamisle strogog, namrgođenog predavača koji maše Biblijom sa propovedaonice i svake nedelje govori svoja mišljenja. Ostali pomisle na bol ili čak zlostavljanje koje su doživeli od strane čoveka kojeg je zajednica smatrala dostojnim i dala mu čast da se nazove „pastorom".

ISUSOV PROGRAM UČENIŠTVA

Cilj ove knjige jeste da ponovo otkrijete crkvu i zbog toga smo većinom govorili o crkvi – njenim članovima, odnosno *vama*. Međutim, vođe igraju veoma važnu ulogu u svakoj crkvi i njih ćemo naizmenično nazivati *pastorima* i *starešinama*, jer je to ono što Biblija radi (v. Dap. 20,17, 28; Tit. 1,5, 7; 1. Pet. 5,1-2). Da biste kao član crkve mogli da obavljate svoj posao, pastori ili starešine moraju da obavljaju svoj. Vaš posao je, kao što smo videli u 5. poglavlju, da budete sveštenik i car. Isus vam je dao zadatak da se starate za *ono što* pripada evanđelju i *ljude* koji pripadaju evanđelju, kao i da širite vladavinu evanđelja po celoj zemlji, tako što ćete činiti ljude Hristovim učenicima. Ali šta je pastorov posao?

U trenutku kada crkve izlaze iz pandemije kovida 19 važno je da znamo odgovor na to pitanje zbog uticaja koji je karantin imao na poverenje u crkvama – poverenje među članovima i poverenje u vođe. O ovome ćemo više razmišljati malo kasnije, ali kako bismo ponovo izgradili poverenje, važno je da znamo šta je pastorov posao. Kratak opis njegovog posla jeste da vas osposobi da obavljate svoj posao.

To saznajemo u Poslanici Efescima 4,11-16. Apostol Pavle nam govori da je Isus svojoj crkvi dao mnogo darova, uključujući i pastore (stih 11). Onda nam govori zašto je Isus dao crkvama taj dar: „da pripremi svete za delo služenja, za izgradnju Hristovog tela" (stih 12). Pastorov posao jeste da osposobi svete da obavljaju svoj posao. Pastori nas uče kako da služimo jedni drugima zbog ovoga:

> Nego, držeći se istine, u ljubavi, u svemu ćemo izrasti u njega, koji je Glava – u Hrista. On čini da celo Telo – povezano i ujedinjeno svakim podupirućim zglobom – raste i izgrađuje se u ljubavi, srazmerno delotvornosti svakog pojedinog dela (stihovi 15-16).

Svaki deo tela ima svoj posao. Svi učestvujemo u izgradnji tela u ljubavi. Pastori nas osposobljavaju i obučavaju da to činimo.

Stoga je nedeljno okupljanje vreme za obuku. Ono daje priliku onima čiji posao je da budu pastori da obuče one čiji posao je da budu članovi. Uče ih da znaju evanđelje i žive po njemu, da se zalažu za njegovo širenje i da ga prenose, kako drugim vernicima, tako i ljudima van crkve. Ako Isus članovima daje zadatak da ohrabruju jedni druge i međusobno se pomažu, onda pastorima daje zadatak da im pokažu kako da to čine. Ako pastori svoj posao ne obavljaju dobro, neće to činiti ni članovi.

Posao starešina + posao članova = Isusov program učeništva

Kada posao pastora spojite sa poslom članova, šta dobijete? Isusov program učeništva. To nije program koji možete kupiti u hrišćanskoj knjižari ili paket koji stiže sa uputstvom za upotrebu za nastavnike i učenike i posterima za učionicu nedeljne škole. On se nalazi u četvrtoj glavi Poslanice Efescima.

OBUKA KROZ POUČAVANJE

U središtu pastorske ili starešinske službe da obuči vernike nalazi se njegovo učenje i život. Na ovaj obrazac nailazimo u Pavlovim uputstvima Timoteju: „Pazi na sebe i na učenje. Istraj u tome, jer ćeš, to čineći, spasti i sebe i one koji te slušaju" (1. Tim. 4,16).

Hajde da obradimo svaku od ovih stavki. Jedna od glavnih razlika između starešina i članova crkve jeste to što starešine moraju biti „sposobne da pouče" (1. Tim. 3,2). To ne znači da starešina mora stati za propovedaonicu pred hiljadu ljudi i prosvetliti ih svojom mudrošću i domišljatošću. To znači da, ukoliko vam je teško da razumete Bibliju ili ako se nosite sa teškom životnom situacijom, znate da možete da odete u njegovu kuću i zatražite od njega pomoć, znajući da ćete dobiti biblijski odgovor. Verujete da, kada otvori Bibliju, ne govori vam besmislice. Pruža vam verno razumevanje onoga što tamo piše. Uči vas „onome što je u skladu sa ispravnom doktrinom" (Tit. 2,1).

Jedne nedelje popodne pročitajte sva tri Pavlova pisma pastorima Timoteju i Titu i podvucite sve što se odnosi na poučavanje. Ruka će vam se možda umoriti. Izabraćemo samo jedan primer: u Drugoj poslanici Timoteju Pavle kaže Timoteju da se drži primera blagotvornih reči koje je čuo od njega (2. Tim. 1,13). Ono što je čuo od Pavla treba da preda vernim ljudima, koji će biti sposobni da pouče druge (2,2). Treba da se pokaže prekaljen u ispravnom postupanju s rečju istine (stih 15). Treba da se kloni bezbožnih naklapanja i zastranjivanja od istine (stihovi 16 i 18) i treba da uči i poučava samo onako kako Bog želi, znajući da pokajanje vodi do spoznanja istine (stihovi 24 i 25). Pavle završava poslanicu time što nalaže Timoteju da ustraje u propovedanju Reči, da uverava, prekoreva i bodri sa svom strpljivošću (4,2).

Slika koju Pavle ostavlja i Timoteju i Titu jeste slika sporog, strpljivog, svakodnevnog rada koji se ponavlja i koji služi kao pomoć članovima da rastu u pobožnosti. Starešina ne tera, već poučava, jer nasilna pobožnost uopšte i nije pobožnost. Pobožan čin voljno proizlazi iz obnovljenog, novozavetnog srca.

Kada starešine poučavaju, zajednica počinje da služi i čini dobra dela. Divan prikaz ovog obrasca nalazimo u Delima apostolskim 16, kada Pavle i njegovi saputnici prvi put dođu u Filipe. Pavle poučava grupu žena, uključujući i jednu po imenu Lidija. „Gospod joj otvori srce da obrati pažnju na ono što je Pavle govorio" (stih 14). Pavle ju je krstio. Onda je rekla Pavlu i njegovim saputnicima: „Ako smatrate da verujem u Gospoda, dođite i odsednite u mojoj kući." Luka, koji piše ovaj izveštaj, završava rečima: „I nagovori nas" (stih 15). Dakle, Pavle propoveda, Lidija je spasena, a onda odmah počinje da radi ukazujući im gostoprimstvo!

OBUKA KROZ PRIMER

Posao starešina nije samo da poučavaju. Oni takođe svojim životom moraju pokazati primer Božijem stadu. „Molim starešine među vama", uči Petar, „napasajte Božije stado koje vam je povereno" (1. Pet. 5,1-5). Kako to treba da čine, Petre? „Kao uzori stadu", odgovara on (stih 3).

Starešina radi tako što poziva ljude da podražavaju njegov način života. Zato Pavle kaže Korinćanima: „Stoga vas preklinjem: na mene se ugledajte. Zato sam vam i poslao Timoteja, koji je moje drago i verno dete u Gospodu. On će vas podsetiti na moj način života u Hristu Isusu, koji je u skladu s onim što učim svuda, u svakoj crkvi" (1. Kor. 4,16-17).

Ponekad se hrišćani iznenade kada traže opis starešinskog posla u Bibliji i shvate da pisci više opisuju *karakter* vođe nego njegov posao (1. Tim. 3,2-7; Tit. 1,6-9). Takođe je zanimljiva činjenica da ovi opisi starešina ukazuju na osobine koje treba da budu odlika svakog hrišćanina – da budu razboriti, umereni, sređeni, gostoljubivi, da ne budu pijanice, da ne budu nasilni već blagi, da ne budu svađalice, da ne budu srebroljupci itd. Zar ne bi svaki hrišćanin trebalo da teži da bude ovakav? Jedini izuzeci su „sposoban da pouči" (1. Tim 3,2) i „da ne bude novoobraćenik" (stih 6). Ljudi se mogu zapitati zašto Pavle od starešina nije tražio nešto zahtevnije, kao „da imaju dug staž u vođenju velikih organizacija", „da su osnovali sedam sirotišta" ili „da su bili vođe probuđenja koje je dovelo do stotine obraćenja." On to čini da bi ukazao na važnost vođstva kroz primer. Osim što treba da bude sposoban da pouči, njegov život treba da bude nešto na šta drugi hrišćani mogu da se ugledaju.

Starešine ne sačinjavaju posebnu „klasu" hrišćana, nalik na podelu između aristokratije i običnog sveta ili između srednjovekovnih sveštenika i pastve. U osnovi, starešina je hrišćanin i član crkve koji se izdvaja, jer je njegov karakter uzoran i sposoban je da pouči.

Razlika između starešine i člana, iako se formalno razlikuju po tituli, umnogome je razlika u zrelosti, a ne u klasnoj pripadnosti.

Kao roditelj sa detetom, starešina stalno radi kako bi pomogao članovima da *uzrastu* i *sazre*. To je svakako posebna pozicija i ne može je obavljati svaki zreo hrišćanin. Ipak, suština ostaje: starešina teži da se umnoži utoliko što podražava Hrista (v. 1. Kor. 4,16; 11,1).

Figurativno govoreći, on pokazuje kako se koriste čekić i testera, a onda stavlja te alatke u ruke članova. On svira skalu na klaviru ili zamahne palicom za golf, a onda od člana traži da to ponovi na isti način.

Može se reći da kada ste pastor ili starešina čitav vaš život je kao igra pokazivanja. Sećate li se toga? Donesete igračku na čas, ispričate svojim drugovima nešto o njoj i pokažete je. Možda im dopustite da je uzmu u ruke i probaju kako radi.

Takav je život pastora ili starešine. On kaže svojoj crkvi: „Hoću da vas naučim putu krsta. Gledajte mene i koračajte. Evo kako da podnosite stradanje. Evo kako da volite svoju decu. Evo kako da delite evanđelje sa drugim ljudima. Evo kako izgledaju velikodušnost i pravda. Želim da vam pokažem kako da budete skloni istini i blagi prema slomljenima."

Kako mi kao članovi treba da se odnosimo prema starešinama? Pisac Poslanice Jevrejima to vrlo jasno kaže: „Sećajte se svojih vođa, koji su vam propovedali Božiju reč. Posmatrajte ishod njihovog načina života i ugledajte se na njihovu veru" (13,7).

PREDNOSTI VEĆEG BROJA STAREŠINA

Ukoliko je posao starešine da utaba put koji svaki hrišćanin može da prati, za crkve je dobro da imaju više od jednog starešine. Da, učimo gledajući ljude koji su u punovremenoj službi. Međutim, takođe učimo i od starešine koji punovremeno radi kao profesor, u fabrici ili se bavi finansijama. Muškarci sa različitim profesijama pružaju nam mogućnost da vidimo kako pobožnost izgleda u različitim sferama. I ne samo to. Jedan pastor može da stigne da uradi samo određenu količinu pastirskog posla tokom nedelje. Dvojica mogu da urade duplu količinu posla. Trojica tri puta više. I tako dalje.

Novi zavet nam nigde ne govori koliko crkva treba da ima starešina, ali stalno govori o „starešinama" u množini, kao Pavle: „Iz Milita posla u Efes po starešine crkve" (Dap. 20,17), ili Jakov kada piše: „Ako je neko od vas bolestan, neka pozove k sebi starešine crkve" (Jakov 5,14; v. i Dap. 14,23; 16,4; 21,18; Tit. 1,5).

Nema naznaka da svaki pastor ili starešina mora biti plaćen, a najmanje jedan odlomak govori o tome da samo neki treba da budu plaćeni (1. Tim. 5,17-18). Takođe nije mnogo verovatno da su crkve u prvom veku plaćale sve svoje starešine. Ni Kolin ni ja, na primer, ne dobijamo platu od crkve. Punovremeno radimo za paracrkvene organizacije. Ipak obojica služimo kao starešina ili pastor u svojim zajednicama. Volimo na to da gledamo kao na svoj večernji ili vikend posao! „Volonterska" ili „dobrovoljna" služba (nazovite to kako hoćete) znači da redovno odlazimo na starešinske sastanke, ponekad poučavamo u različitim sferama crkvenog života, pozivaju nas na različita savetovanja i u krizne porodične situacije, radimo predbračno savetovanje i obavljamo još službi. To takođe znači da crkva uvek treba da se nalazi na vrhu našeg molitvenog spiska, iako se nadamo da je tako i sa drugim članovima.

Veći broj starešina ne znači da pastor koji najviše propoveda nema jedinstvenu ulogu. Jakov je bio vođa crkve u Jerusalimu (Dap. 15,13; 21,18), kao što je Timotej bio vođa u Efesu, a Tit na Kritu. U Korintu Pavle se posvetio propovedanju na način na koji to ne bi učinio svaki starešina koji nije plaćen (Dap. 18,5; 1. Kor. 9,14; 1. Tim. 4,13; 5,17). Takođe, pošto je redovan glas koji propoveda Božiju reč, veran propovednik će shvatiti da zajednica počinje da mu veruje na jedinstven način, takav da ga čak i druge starešine tretiraju kao „prvog među jednakim", nekoga kome sleduje dvostruka čast – prihod (1. Tim. 5,17). Ipak, propovednik ili pastor je, u suštini, samo još jedan starešina, zvanično jednak svakom drugom čoveku kojeg je zajednica prepoznala kao starešinu.

Veći broj starešina ima nekoliko prednosti:
> *Upotpunjuje pastorove slabosti.* Nijedan pastor nema sve darove. Drugi pobožni muškarci imaće darove, interesova-

nja i mišljenja koja upotpunjuju pastorova.
- *Dodaje pastorovoj mudrosti.* Niko ne zna sve.
- *Smanjuje jaz između „nas i njega"* koji ponekad može da nastane između crkve i pastora.
- *Utemeljuje vođstvo* u zajednici tako da, čak i ako pastor ode, zajednica i dalje ima dovoljno vođa.
- *Pruža jasan put učeništva* muškarcima u crkvi. Nije svaki muškarac pozvan da služi kao starešina, ali svaki muškarac treba da se zapita: *Zašto ne bih služio i učinio ono što je potrebno da postanem čovek koji telu služi na ovaj način?* Dobro je težiti tome, kaže Pavle (1. Tim. 3,1).
- *Takođe predstavlja primer učeništva ženama.* Starije žene u veri mogu da se posvete učeništvu sa mlađim ženama kao što to čine starešine (Tit. 2,3-4).

ULJE POVERENJA

Isusov program učeništva se, kao što smo malopre rekli, sastoji od toga da starešine obavljajući svoj posao obučavaju članove da obavljaju svoj. Ono što neizostavno moramo razumeti jeste da to funkcioniše samo kada između članova i starešina postoji poverenje. Poverenje je ulje koje podmazuje motor Isusovog programa učeništva. Bez njega mašina staje.

Razmislite o sledećem. Slušamo, podražavamo i sledimo ljude kojima verujemo. Ako verujem da živite iskreno, da me volite i da mi želite sve najbolje, biće mi lakše da prihvatim vaša uputstva i ispravke, čak i kada su teške. Ako ne verujem da ste takvi, dovodiću u pitanje i sumnjaću u sve što kažete, čak i kada se radi o jednostavnim stvarima. Zdrava crkva, stoga, ima vođe kojima se može verovati, ali i članove koji su spremni da im veruju.

Ono što je karantin zbog kovida 19 učinilo tako teškim jeste činjenica da poverenje prirodno opada kada se ljudi ne viđaju. Kada ste sa ljudima na istom mestu, to gradi poverenje, osim ako ne postoji neki konflikt.

- „Da, poznajem ga. Ručali smo zajedno jednom. Super tip. Sviđa mi se."
- „Pa, razgovor je bivao sve gori putem imejla. Onda smo se našli uživo i sve raščistili. Sad je sve bolje."

Kada ste sa ljudima na istom mestu, to obično uvećava vaše poverenje, dok odvojenost dovodi naša srca u iskušenje da se zabrinemo, da budemo skeptični, čak i da se plašimo. Naravno, mnogi pastori su zbog karantina tokom kovida 19 shvatili da se rezerve poverenja koje su godinama gradili brzo prazne. U proleće 2020. godine, tokom prvih nekoliko nedelja, stvari u crkvi delovale su sasvim u redu. Kada su nedelje prerasle u mesece, pritisak je počeo da raste. Državne vlade pooštrile su mere. Na leto su širom Sjedinjenih Država izbili protesti protiv rasizma. Na jesen su američki izbori dolili ulje na vatru. Zimu je ispunilo pitanje o promeni predsednika. Zabrinutost oko ovih političkih pitanja još više je pogoršalo to što se crkve nisu okupljale ili, makar, ne kao obično. Crkva koja ne može da se okuplja i koja je gotovo ispraznila rezervoare poverenja je kao auto čiji motor nema dovoljno ulja. Kao što smo gore spomenuli, motor će prestati da radi – doći će do konflikta između jednog člana i starešina, među članovima međusobno, čak i na društvenim mrežama. Politički pritisak je na svakom koraku bivao sve jači, a poteškoće u okupljanju dovele su do toga da članovima bude teško da veruju vođama.

9 KO TREBA DA VODI?

I Kolin i ja smo razgovarali sa desetinama pastora koje su kritikovale politička desnica, levica ili obe strane. Pričali su nam o članovima – čak vođama koji su dugo bili u njihovoj crkvi, a onda su otišli zbog nečega što su pastori rekli ili nisu rekli.

Ne možemo ovde da govorimo o političkim problemima, ali možemo da damo brz pastorski savet vama kojima je teško da verujete svojim crkvenim vođama, iz političkih ili bilo kojih drugih razloga. Ako ste to vi, ovo je veoma važna stvar. Osnovni način da duhovno rastete jeste da čujete Božiju reč. Dakle, ako vi, vaš suprug ili supruga ili vaša deca ne verujete pastorima, biće vam teško da iz nedelje u nedelju slušate Božiju reč, što će vas vremenom duhovno unazaditi. Zato je to problem kojim treba da se pozabavite i koji, ukoliko je ikako moguće, treba da rešite.

Možda je problem u vama. Morate bar da razmislite o toj mogućnosti, naročito ako se okrećete protiv svojih prijatelja i drugih vođa koje poznajete i kojima verujete već godinama. Molite se za to i zatražite mišljenje nekoga kome verujete. Možda je problem u jednom ili više starešina, i u tom slučaju možda morate da razgovarate direktno s njima.

Naravno da ovde ne možemo da se pozabavimo lično vašom situacijom, ali možemo da kažemo da ukoliko su svi vaši napori da povratite poverenje propali, možda treba da odete i nađete crkvu u kojoj verujete pastorima dovoljno da ćete im dozvoliti da vas koriguju kada je to potrebno. Nemojte tražiti crkvu koja će samo potvrditi sve ono što već znate.

Da, hrišćani uvek treba da teže pomirenju. Ali ponekad nam poniznost nalaže da teško rešive probleme odložimo sa strane na neko vreme i tražimo od Gospoda da ih reši u svoje vreme i na svoj način. Dok to vreme ne dođe, najvažnije je da stalno budete u mogućnosti da čujete Božiju reč i da je primenite bez kamena spoticanja. Govoreći iz ugla pastora, više bih voleo da neko napusti moju crkvu ukoliko mi ne veruje, čak i ako sam uveren da sam ja u pravu a da on nije, da bi vremenom on negde drugde mogao da raste u pobožnosti. Možda će, kada čuje kako se Božija reč propoveda negde drugde, duhovno uzrasti da bismo, jednog dana, mogli da se izmirimo. Verovatno je i meni potrebno da uzrastem. Važnije je da ljudi budu pod vođstvom kojem mogu da veruju nego pod *mojim* vođstvom. Dobra vest jeste da svaka crkva koja propoveda evanđelje igra u istom timu nebeskog carstva.

ŠTA JE SA ĐAKONIMA?

Pored pastora/starešina i članova, u Novom zavetu postoji još jedna pozicija: đakoni. Đakoni nisu drugo telo koje donosi odluke, kao u dvodomnom zakonodavnom telu u kojem Predstavnički dom stoji nasuprot Senatu.[1] Upravo suprotno, Bog đakonima daje tri zadatka: da uoče stvarne potrebe i pruže pomoć, da štite i grade crkveno jedinstvo i da služe i pomažu starešinama. Figurativno govoreći, ako starešine kažu: „Hajde da odemo u Filadelfiju", posao đakona nije da kažu: „Ne, hajde da idemo u Pitsburg." Njihov posao je da služe starešinama i čitavoj crkvi i kažu: „Ovakvim autom nećemo stići do Filadelfije."

Priča u Delima apostolskim 6 nijednom ne koristi reč *đakon*, ali koristi istu reč kao glagol. Naša Biblija ga prevodi kao „služiti".

---

[1] Misli se na zakonodavni sistem u Americi, u kojem se Kongres, koji je zakonodavno telo, sastoji iz gornjeg i donjeg doma, pri čemu je Senat gornji, a Predstavnički dom donji dom (*Prim. prev.*).

9 KO TREBA DA VODI?

Pozadina te priče je sledeća: crkva u Jerusalimu delila se na osnovu narodnosti – što se često dešavalo u istoriji sveta. Grčke udovice bile su zapostavljene pri deljenju hrane u odnosu na jevrejske udovice. Apostoli su shvatili da crkvi ne bi koristilo kada bi oni „bili đakoni za stolovima", kako doslovno piše u grčkom tekstu (6,2), jer su pozvani da se posvete molitvi i propovedanju Reči (ili doslovno, da budu đakoni Reči). Zato su zapovedili crkvi da pronađe pobožne pojedince koji bi mogli da se postaraju da udovice budu zbrinute. Briga za fizičku dobrobit ljudi predstavlja utelovljenje Božije brige; često im donosi duhovno dobro; takođe predstavlja primer ljudima van crkve.

Iza fizičke brige krije se drugi aspekt đakonovog posla: težnja ka jedinstvu tela. Brinući se za udovice, đakoni su pomogli da raspodela hrane među ovim ženama bude jednaka. To je bilo značajno, jer je *fizičko* zapostavljanje vodilo do *duhovnog* razjedinjavanja crkve (v. Dap. 6,1). Đakoni su postavljeni da pomognu ujedinjavanju crkve. Njihov posao je bio da posluže kao amortizeri u crkvi.

Na trećoj ravni, đakoni su postavljeni da podrže službu apostola. Služeći udovicama, đakoni su podržavali učitelje Reči u njihovoj službi. U tom smislu, đakoni su ohrabrivači i podržavaoci službe koju obavljaju starešine. Kakav je rezultat? „Tako se Božija reč širila. Broj učenika u Jerusalimu brzo je rastao, a veri se pokorilo i veliko mnoštvo sveštenika" (Dap. 6,7).

Ako je svaki hrišćanin pozvan da služi i radi na održavanju jedinstva u crkvi, zašto onda formalno treba postaviti đakone? Zbog toga što to podseća crkvu koliko je takva služba bliska suštini evanđelja našeg Gospoda Isusa Hrista. On nije došao da mu služe, nego da služi, kako je sam rekao. A reči koje koristi za „služiti" jesu reči koje mi prevodimo kao „đakon" (Mk. 10,45). Isus je došao da „bude đakon". Baš kao što starešine predstavljaju primer kako treba živeti po Hristovoj doktrini, tako đakoni predstavljaju primer kako treba služiti.

Hvala Bogu za darove i đakona i starešina. Dok ponovo budete otkrivali crkvu, nadamo se da će vam ovo ostati u sećanju – *darovi*. Bog vas voli i dao vam je ove darove: starešine i đakone. Da li ih posmatrate kao darove? Da li Bogu zahvaljujete za ove darove? Slobodno to činite. Oni obavljaju svoj posao za vašu dobrobit i širenje evanđelja. Bog im je dao ozbiljnu odgovornost da: „ bde nad vašim dušama kao oni koji će polagati račun" (Jev. 13,17). Možemo da im verujemo da će to činiti – i da im budemo pokorni – jer verujemo da će Bogu koji zna i vidi sve stvari polagati račun.

PREPORUČENA LITERATURA

- Rini, Džerami, *Crkvene starešine: Kako biti pastir poput Isusa*. Novi Sad, Projekat Timotej, 2021. (Izvornik: Rinne, Jeramie. *Church Elders: How to Shepherd God's People Like Jesus*. Wheaton, IL: Crossway, 2014.)
- Smethurst, Matt. *Deacons: How They Serve and Strengthen the Church*. Wheaton, IL: Crossway, 2021.

ZAKLJUČAK

*Nećete dobiti crkvu kakvu želite,
već nešto bolje*

Želimo da završimo ovu knjigu tako što ćemo vam ispričati dve priče. Prvo, upoznajte Toda i Alison. To nisu njihova prava imena, i izmenili smo neke pojedinosti, ali radi se o stvarnim ličnostima. Tod i Alison su nekoliko godina proveli služeći kao misionari u jednom velikom gradu u Aziji koji je imao samo jednu malu crkvu. Sada žive u velikom gradu sa mnogo crkava na jugu Amerike i svake nedelje odlaze u crkvu.

Nažalost, vreme koje su proveli u misiji bilo je teško za njihov brak i danas imaju običaj da se stalno svađaju. Ako pitate Toda, on će vam reći da ga Alison stalno kritikuje. Istini za volju, počeo je da se pita da li će podneti da bude u braku sa tom ženom do kraja života. Alison se isto tako oseća. Todov opušteni šarm, koji izmamljuje osmeh svima oko njega, njoj izaziva mučninu. Gde je taj šarm kada nezadovoljan dođe kući, kada viče na decu i kada je pita šta je uopšte tog dana radila? Pita se zašto se udala za njega.

Ipak, iza svega toga postoji još jedan problem. Oni zapravo nemaju odnose sa ljudima iz svoje crkve. Žive na periferiji. Nedeljom dođu na službu koja traje 75 minuta, ali to je otprilike to. Niko ne zna da imaju problema i ni sa kim ih zapravo ne dele.

Ironično je to što Tod i Alison smatraju da su zreli hrišćani. Oboje su pohađali hrišćanski koledž, a od tada su vodili i male grupe za proučavanje Biblije. Znaju tačno šta treba da kažu kada se mole pred drugim ljudima. Međutim, ponosniji su nego što misle. Ne shvataju koliko im je crkva potrebna i kako Isus upravo kroz njihovu crkvu želi da se brine za njih. Tako oni ostaju na periferiji i odlaze iz crkve nesvesni svojih problema, ne shvatajući šta sve dobro crkva može da im donese.

Šta želimo Todu i Alison? Želimo im da se ponize i da se više uključe u crkvu, čak i ako to znači da nešto moraju da žrtvuju. Mogu da nađu način da smanje obim svog nedeljnog rasporeda kako bi izgradili dobre odnose. Mogu ponovo da razmisle o svojim planovima za odmor i nađu način da članove crkve uključe u te planove. Iskreno govoreći, mogu čak da razmisle i o tome da se presele bliže crkvi kako bi bili bliže mestima na kojima se ljudi najčešće sastaju. Kada u prodavnici kupite mleko i odnesete ga nekom od članova crkve kome je to potrebno, to lako može da preraste u razgovor od trideset minuta, što se retko dešava ako živite na udaljenosti od pola sata. Ti neplanirani razgovori nisu dobri za vaš raspored, ali su dobri za vašu dušu.

Evo druge priče. Ona je o Džasmin. Džasmin je odrasla sa očuhom koji ju je fizički i seksualno zlostavljao, a onda je otišla u hraniteljsku porodicu u kojoj joj se desilo isto to. Po Božijoj milosti, postala je hrišćanka kada je odrasla i udala se za hrišćanina. Međutim, prve godine braka bile su teške jer su svi ožiljci, strahovi i slomljenost i dalje bili duboko u njoj.

Divno je to što joj je Bog podario strpljivog muža, kao i crkvu

ZAKLJUČAK

punu ljubavi. U prvih nekoliko godina braka njih dvoje su mnogo vremena provodili na savetovanju sa pastorom. Džasmin je takođe provodila mnogo vremena sa drugim ženama u crkvi. Svake nedelje su dolazili na službe i biblijska proučavanja.

Malo-pomalo, Džasmin je počela da se otvara, kao pupoljak koji je ogrejalo sunce. Naučila je da veruje ljudima. Naučila je kako da kontroliše svoje agresivne sklonosti. Prestala je da svakoga u svom životu posmatra kao pretnju. Prestala je da svaki trenutak svog dana troši na borbu protiv svojih poriva i težnju da se zaštiti. Štaviše, okrenula se drugim ljudima i usredsredila se na njih i ljubav prema njima. Šta njih boli? Koji su njihovi tereti? Na koji način može da ih voli? Njeni prijatelji i članovi porodice koji nisu hrišćani, a koji su je poznavali kao dete, mogli su samo da se dive.

Šta želimo Džasmin? Želimo da nastavi istim putem. Želimo da nastavi da ulaže u druge, čak i ako želi da drugi ulažu u nju.

Ne morate biti ekstrovertni da biste bili veran član crkve. Neki ljudi imaju mnogo emotivne energije, dok je drugi imaju malo. Važno je da trošite ono što imate. Budite verni kakve god vam je resurse Bog dao da volite i budete voljeni u svojoj crkvi.

NE IDITE U KUPOVINU

Kako smo rekli na početku ove knjige, imate mnogo razloga da ne idete u crkvu. Zato ovaj trenutak u istoriji vidimo kao trenutak u kojem je vreme da se crkva ponovo otkrije. Udaljenost ljudi od crkve nije donela pandemija ili politika. Svet u svima nama stvara instinkte protivne viziji crkve u kojoj ste u ovoj knjizi čitali. Ako crkve treba da opstanu kroz sve nepoznanice koje budućnost donosi, onda moramo ponovo da je otkrijemo.

Sam jezik koji ljudi danas koriste kada govore o traženju nove crkve ukazuje na osnovni problem. Ljudi govore o tome kako su „u kupovini" crkve.[1] Kada tako govorite, pitate se šta crkva može da učini za vas, a ne šta vi možete da učinite za crkvu. Kupovina takođe ukazuje na to da je crkva stvar pukog odabira, kao kada birate koju marku kečapa ćete kupiti, a kupac je uvek u pravu. Vaša odanost traje samo dok crkva ispunjava vaše potrebe.

Razmislite o ulozi koju igra tehnologija. Već smo govorili o tome kako internet i video crkva i podkasti ostavljaju utisak da nam ne trebaju drugi obični hrišćani kako bismo duhovno rasli. Ako na Jutjubu možemo da pronađemo svoju omiljenu muziku slavljenja i na Spotifaju svog omiljenog propovednika, onda možemo da stvorimo duhovno iskustvo skrojeno baš po našoj meri, koje prevazilazi mlake napore na koje nailazimo u gradskoj crkvi dok pokušavamo da nađemo slobodno mesto između užurbanih porodica koje nam nije stalo da upoznamo.

Ipak, izazov koji za crkvu predstavljaju nove tehnologije nije počeo juče. Nismo prvi koji su uvideli da su automobili stali na put crkvenoj disciplini u mnogim crkvama. Čovek je odjednom mogao da se bez razloga razvede od svoje žene i da se jednostavno odveze u crkvu u drugom naselju ili gradu. Nikada nije morao javno da se pokaje na zahtev crkvenih vođa koje su pozvane da štite bivšu ženu i decu i brinu se o njima. Suština nije da je nova tehnologija nužno loša. Radi se o tome da ona stvara izazove koje često previdimo.

Zato crkvu treba iznova i iznova otkrivati. Svi smo skloni da zaboravimo kakav je Božiji naum za nas. Apostol Pavle je rekao Fili-

---

1 Eng. *Shopping for church (Prim. prev.)*.

ZAKLJUČAK

pljanima: „Ništa ne činite iz častoljublja ili sujete, nego u poniznosti jedan drugoga smatrajte većim od sebe. Ne starajte se samo svako za svoje, nego svako i za ono što se tiče drugih." Onda je ukazao na Isusov primer: „On, koji je u Božijem obličju, nije smatrao plenom svoju jednakost s Bogom, nego je samoga sebe učinio ništavnim uzevši obličje sluge, postavši sličan ljudima" (Fil. 2,3-4, 6-7). Isus se ponizio i umro na krstu kako bi ga Bog uzvisio. Ako u crkvi želimo jedinstvo u ljubavi, onda moramo da sledimo njegov primer i odreknemo se sebe. Nijednim drugim putem nećemo doći do toga da nam Bog kaže: „Dobro, dobri i verni slugo" (Mt. 25,21).

Kolin i ja poznajemo jednog pastora koji često govori da niko ne dobija crkvu kakvu želi, ali svako dobija crkvu kakva mu je potrebna. Svima su nam potrebne crkve koje nas pozivaju da činimo više nego što možemo i budemo više nego što jesmo. Potrebne su nam crkve koje nas približavaju Bogu. Kada sledimo Isusov primer, dobijamo crkvu kakva nam je potrebna.

VASPITNA USTANOVA

Svi smo danas skloni da institucije poput porodice, posla ili škole koristimo kako bismo dostigli sopstvene ciljeve, dobili pažnju i bili prihvaćeni. Čim dobijemo ono što želimo ili institucija od nas zatraži nešto što ne želimo da damo, odbacujemo je i prelazimo na drugu. Tražimo novi posao. Nalazimo novu porodicu. Odlazimo u novu školu.

Međutim, lični rast ne funkcioniše tako. Odnosi sa drugim ljudima vas obično ne čine boljima ukoliko vas ne koriguju kada činite nešto pogrešno. Razmislite o sledećem: Ko su najvažniji ljudi u vašem životu? Da li vam oni samo potvrđuju sve odluke koje donosite? Ili verujete da će vas voleti bez obzira na sve, dovoljno da vam kažu istinu? Odnosi sa članovima porodice i prijateljima čvrsti su u dobru i zlu. Oni će biti uz vas kada vam je najbolje, biće pored vas kada vam je najgore i stajaće ispred vas kada ste najranjiviji.

Takvu crkvu treba ponovo da otkrijemo. Crkva nije samo institucija koju koristimo kako bismo imali bolji rezime i učvrstili svoj identitet. Crkva nas oblikuje u Božije muškarce i žene. Zajedno jačamo. U isto vreme sve više učimo o tome ko je Bog naumio da budemo – o svojim jedinstvenim sposobnostima i strastima. Crkva ne briše naš karakter. Ona ga još više ističe tako što nas povezuje sa Stvoriteljem koji nas je stvorio ovakve kakvi jesmo i sa drugim članovima koji iz nas izvlače ljubav i snagu koju nismo ni znali da imamo. Možda nećete dobiti crkvu kakvu ste želeli, ali dobićete crkvu kakvu niste ni znali da vam je potrebna.

Nas dvojica nismo nesvesni činjenice koliko crkava ne ispunjava ovu viziju. Možda mislite da potcenjujemo izazove. Upravo suprotno, zbog svoje pozicije znamo o mračnoj strani crkve mnogo više nego većina. Sami smo to iskusili. Čuli smo to od drugih. Videli smo to kod porodice i prijatelja. Ne tražimo od vas da tolerišete nasilje ili jeretičko učenje. Ne potpisujemo blanko dokument o tome da podržavamo crkvu niti podržavamo zloupotrebu moći i vlasti za koju znamo da se često može sresti u crkvama, kako u crkvama iz prošlosti, tako i u crkvama danas.

Međutim, verujemo da morate očekivati da u crkvi bude neslaganja. Ne treba da očekujete da ćete se slagati sa svima. Ne treba da očekujete da ćete imati istu viziju, iste prioritete, iste strategije kao svi ostali. Ti trenuci neslaganja sve nas stavljaju na test. Čine da se zapitamo da li bi nam u onoj drugoj crkvi iza ugla bilo lakše. Možda i bi, bar neko vreme, mada verovatno ne zauvek, jer ćete i u

ZAKLJUČAK

toj crkvi pronaći grešnike opravdane milošću. I vi sami ćete još biti grešnik opravdan milošću. Tamo ćete naći i dobro i loše, mada možda u manjoj meri nego u svojoj crkvi. Ipak, nijedna crkva s ove strane Hristovog dolaska ne može da izbegne sva neslaganja i svako razočaranje.

Gledajte na crkvu kao na talase koji zapljuskuju stene. Talasi su crkva. Vi i drugi članovi crkve ste stene. Iz dana u dan, iz godine u godinu, talasi vas zapljuskuju bez prestanka. Preplavljuju svaku stenu i zbijaju stene jednu uz drugu. Iz meseca u mesec verovatno nećete primetiti veliku razliku, ali tokom godina i decenija uvidećete promenu. Dok talasi divljaju, stene su pribijene jedna uz drugu, a njihove ivice postaju sve glađe. Na suncu imaju uglačani sjaj. Ne postoje dve stene koje iz talasa izađu jednake veličine i istovetnog oblika, ali svaka na svoj način postane predivna.

Ne bi trebalo da se začudimo što Petar, prva „stena", koristi sliku kamenja kako bi opisao crkvu. Prvo, Petar želi da uvidimo da crkva treba da bude izgrađena na temelju koji je Isus. On primenjuje odlomak iz Isaije 28,16: „Evo, postavljam kamen na Sionu, dragoceni kamen ugaoni, i ko u njega veruje, neće se postideti" (1. Pet. 2,6).

Drugo, on želi da shvatimo kako Bog nije očekivao da Isus za svakoga bude dragocen. Za njih Petar citira Psalam 118,22 („Kamen koji graditelji odbaciše postade kamen ugaoni") i Isaiju 8,14 („Kamen spoticanja/stena sablazni") u 1. Petrovoj poslanici 2,7-8.

Treće, on želi da vidimo da je Isus izgradio nešto predivno – nas, crkvu: „Priđite njemu, Živom kamenu, koji su, doduše, ljudi odbacili, ali je u Božijim očima izabran i dragocen, pa se kao živo kamenje ugradite u duhovnu kuću, da budete sveto sveštenstvo, da kroz Isusa Hrista prinosite duhovne žrtve koje su Bogu mile" (1. Pet. 2,4-5).

Ne morate primetiti svako osvrtanje na Stari zavet koje je ovde dato kako biste se divili onome što je Bog učinio u crkvi. Kada verujemo u Isusa, Bog nas za samog sebe spasava od našeg greha. Nismo spasili sami sebe za same sebe. Bog gradi nešto što je mnogo veće od svih nas. Petar jedva suzbija svoje uzbuđenje: „A vi ste izabrani rod, carsko sveštenstvo, sveti narod, stečeni narod, da objavljujete vrline Onoga koji vas je iz tame pozvao u svoju čudesnu svetlost; vi koji nekad niste bili narod, a sada ste Božiji narod; vi koji ste bili u nemilosti, a sada ste u milosti" (1. Pet. 2,9-10).

To je mnogo stvari koje treba da se dese u vašoj maloj crkvi dok sistem za ozvučenje ne radi, sastajete se na parkingu jer unutra niste bezbedni zbog zaraze, deca plaču jer su gladna, sestra Betel je hrkala dok je pastor izgovarao blagoslov, brat Džim je stavio nešto glupo na Fejsbuk, a pastor se baš i nije potrudio da spremi propoved, jer je ove nedelje govorio na sahrani i iskrsle su mu tri posete bolnici. Kada ponovo otkrijete crkvu, videćete lepotu tamo gde većina ljudi vidi samo kamenje.

SAMO DOĐITE

Napisali smo ovu knjigu kako bismo vam pomogli da ponovo otkrijete crkvu i uvidite zašto je Hristovo telo suštinski važno. Šta sad? Koji je sledeći korak? Imamo dobre vesti za vas. Lakše je nego što mislite. Samo dođite i pitajte kako možete da pomognete.

Tako je, to je najveća lekcija iz ove knjige. (Kolin:) Kada razgovaram sa novim članovima crkve, dam im jedno veliko obećanje. Dosad niko nikad nije došao da se žali da sam lagao. Obećam im da ako redovno dolaze (u našoj crkvi to znači dolazak na zajedničke nedeljne službe i kućnu grupu sredom) i trude se da brinu za

ZAKLJUČAK

druge, od crkve će dobiti sve što im je potrebno. To može biti duhovni rast, prijateljstvo, biblijsko znanje ili praktična pomoć. Dobiće sve ovo ako ispunjavaju samo ta dva jednostavna uslova.

Ako ne učestvujete redovno u aktivnostima, nećete od crkve dobiti iskustvo koje će vas oblikovati. Nećete rasti u biblijskom znanju kroz učenje, a vaši odnosi sa drugim članovima ostaće plitki. A ako ne želite dobro drugima, naučićete da sudite crkvi jer ne uspeva da ispuni vaše potrebe i žalićete se kako se drugi članovi ne trude da se druže s vama. Nijedan od nas nikada nije video da ljudi ponovo otkriju crkvu i dobiju ono što žele od zajednice ukoliko ne dolaze redovno i ne ponude drugima pomoć.

Setite se, vi ste Hristovo telo. Možda ste ruka, uho ili oko. Štagod da ste, vi ste neizostavni deo. Bez vas Hristovo telo ne funkcioniše kako treba, a i ono je vama potrebno. Zato dođite i raspitajte se kako možete da pomognete. Drugim hrišćanima ste potrebniji nego što mislite, a jednog dana ćete razumeti i koliko su oni vama bili potrebni.

ZAHVALNOST

Kolin želi da se zahvali Dejvidu Bajersu za njegovu molitvenu i konkretnu podršku u pisanju ove knjige. Takođe smo zahvalni što su kratki delovi navedenih članaka i knjiga uz dozvolu prilagođeni za ovu knjigu: *Poglavlje 2:* Jonathan Leeman, "The Corporate Component of Conversion," Feb. 29, 2012, 9Marks.org; *Poglavlje 3:* Jonathan Leeman, "Do Virtual Churches Actually Exist?" Nov. 9, 2020, 9Marks.org; "Churches: The Embassies and Geography of Heaven," Dec. 20, 2020, 9Marks.org; *Poglavlje 5:* Jonathan Leeman, "Church Membership Is an Office and a Job," May 7, 2019, 9Marks.org; *Poglavlje 6:* Jonathan Leeman, Is It Loving to Practice Church Discipline? (Wheaton, IL: Crossway, 2021); "The Great American Heartache: Why Romantic Love Collapses on Us," Nov. 21, 2018, Desiring-God.org; *Poglavlje 9:* Jonathan Leeman, "Church Membership Is an Office and a Job," May 7, 2019, 9Marks.org; Understanding the Congregation's Authority (Nashville: B&H, 2016).

OPŠTI INDEKS

Adam, 34, 45, 77-78, 92-93
Adolf Čarls Adam, 118
aktivnosti, 98, 143
ambasada, 52-53, 67-69, 75, 77, 93, 95, 117
anglikanci, anglikanski, 31, 68
autoritet
  božanski 56, 58
  Božije reči, 13, 63
  crkve, 68-69
  propovednika 55-57, 61, 65
Avraam, 78

baptisti, baptistički, 2-3, 7, 25, 31, 68
Belgija, 67, 77
benedikcija, 31
biblijsko znanje, 143
Bili Grejem, 63
Bog
  njegov sud, 39, 47, 89, 114, 115
  njegova ljubav, 15, 24, 26, 27, 28, 42, 54, 66, 82, 87, 89-95, 96, 108, 114, 118, 120
  njegova svetost, 24, 28, 42, 54, 66, 82, 87, 90, 92-93, 95, 96, 108, 120
  njegova vlast, 78, 115
  njegove zapovesti, 18, 77, 90, 91, 93
  njegovi naumi, 13, 39, 57, 75, 92, 105, 138, 140
  Stvoritelj i Sudija, 19
bol, 12, 105, 122
Božić, božićni, 32, 117-118
Božija reč, 11, 13, 21, 47-48, 52, 55, 56, 57, 59-64, 69, 76, 90, 94, 109, 124, 127, 128, 131-133
brak, 13-14, 98, 128, 135-137
Brisel, 67
brojčani rast, 97-98

carinici, 88, 99-100, 103, 106

Cidkija, 58
crkva
#ChurchToo, 94
autoritet crkve, 68-69
budućnost crkve, 11-15, 53, 137
crkvena disciplina, 2, 6, 79, 83-95, 138, 145, 162
članstvo, članovi, 6, 10, 17, 20-21, 25-27, 29-41, 46, 48, 49, 51, 59, 60, 67-81, 84-86, 88-89, 91, 94-95, 97-107, 109-111, 114-117, 122-132, 136-137, 140-143
definicija crkve, 3, 23
državljanstvo, 74
iskustvo koje će vas oblikovati, 45, 140, 143
izdržljiva crkva, 105-106
kamenje, 141-142
kao Hristovo telo, 5, 13-15, 21-23, 48, 70, 72-74, 77, 88, 95, 104-105, 115, 122-123, 129, 133, 142-143
kao klub, 13, 21-22, 76, 79, 102-103
kupovina, 137-139
mračna strana crkve, 140
nebeske ambasade, 52-53, 67-69, 75, 77, 93, 95, 117

okupljanje, 10, 21, 40, 44-46, 48, 51-52, 70, 76, 85, 123, 130
okupljen narod, 45-47
rast, 38, 50, 83, 90, 97-98, 123, 133
univerzalna crkva, 72-74
virtuelna, 11, 49-51, 97

Čarls Sperdžen, 63
članstvo
biblijsko, 74-77
intervju, 25, 38, 80
kao posao, 77-81, 95, 122-123
predavanja, 25

darovi, 34, 36, 73, 105, 122, 128, 134
dečije krštenje, 30, 112
dinosaurusi, 29
disciplina, 2, 6, 79, 83-95, 138, 145, 162
dobra dela, 47, 73, 110, 125, 116-117
doktrina, 12, 50, 79, 112, 124, 134
Drugi svetski rat, 51
društvene mreže, 10, 57, 61, 130
duhovna okupljanja, 10, 21, 40, 44-46, 48, 51-52, 70, 76, 85,

123, 130
duhovna porodica, 32-33, 36
duhovni rast, 36, 106, 143
Dunlop, Jamie, 106

đakoni, 14, 132-134

Edenski vrt, 45, 75
ekonomska klasa, 101-102
ekskomunikacija, 84
empatija, 104
Etiopljanin, 70
Eva, 45, 92-93
evanđelje, 2, 21-22, 33, 37-38,
 52, 68-69, 74, 77-80, 87-88,
 91-92, 116, 118, 122-123,
 127, 132-134
evangelizacija, 35, 109, 113,
 116-117
evolucija, 29

fariseji, 33, 100, 103
Fejsbuk, 10, 56, 142

Gospodnja večera, 35, 52, 53, 68,
 70-72, 85, 115
gostoprimstvo, 26, 125
grad na gori, 22, 117
greh
 grešan način života, 86

korigovanje greha, 83-86, 91,
 93, 95, 104, 131, 139
osuda za greh, 30, 34

Hill, Megan, 27
hram, 21-23, 38, 45, 76, 103
hrišćanski život, 49, 72-73
hrišćanstvo, 2, 13, 17, 46, 51,
 103, 114

identitet, 103, 140
igra pokazivanja, 126
Ince, Irwyn L, Jr. 106
individualizacija, 51
internet, 3, 9-11, 31, 46, 49-51,
 56, 60, 97, 138
intervju za posao, 80
isključenje, 68, 92, 101-102
iskušenje, 39, 48-51, 59, 61,
 70, 130
ispovedanje, 68-69, 105,
 112, 116
istina, 3, 15, 17, 23, 25-26, 30,
 33, 47, 49, 56, 59, 60, 70, 73,
 76, 90, 123-124, 127, 135, 140
Isus Hrist
 njegov primer, 113, 139
 njegov program učeništva,
 122-123, 129
 njegova krv, 37, 110, 114-115

njegova vlast, 56, 103, 111
njegova žrtva, 14, 26, 30, 47,
   109, 116
njegovo propovedanje, 56
njegovo telo, 5, 13-15, 21-23,
   45-46, 48, 70, 72-74, 77,
   88, 95, 104-105, 110, 115,
   122-123, 129, 133, 142-143
njegovo vaskrsenje, 14, 34, 92,
   111, 116
Isus Navin, 18
Italija, italijanski, 32, 52
izbori, 10, 20, 43, 61, 104, 130
Izrael, Izraelci, izraelski, 22, 39,
   45, 56, 58, 75, 78, 116

Jakov, 127-128
jedinstvo, 102, 104, 106,
   132-133, 139
jednoobraznost, 3, 101-102
Jeremija, 39, 58
Jezekilj, 39, 58
jezičke prepreke, 106
Jutjub, 56, 138

karakter, 65, 88, 105,
   125-126, 140
karantin, 45, 122, 130
Keller, Timothy, 40, 118
Kim, Jay Y. 53

ključevi Carstva, 68-69
komičar, 62, 121
konflikt, 37, 130
kovid 19, 2-3, 9-10, 31, 45, 48,
   61, 64, 70, 122, 130
krštenje, 10, 30, 35, 69-70, 72,
   104, 112, 115
kultura, 20-22, 32, 44-45, 52, 57,
   64, 85-87, 90, 94, 110, 117

Lawrence, Michael, 40
lažno učenje, 79
lični rast, 139
Lidija, 125
Liman, Džonatan, 2-3, 5, 17, 43,
   67, 83, 121

ljubav, 3, 6, 15, 20, 24, 26-27,
   28, 42, 44, 47, 49, 51-52, 54,
   61, 65, 66, 74, 82, 83, 86-96,
   99-100, 104, 106, 108, 114,
   117-118, 120, 123, 137,
   139-140
ljudska mudrost, 56-57

manjine, 20, 23, 43, 106
Mark Dever, 18-19, 25-27,
   57, 106
maske, 9-10, 31
Matej, 4, 56, 68, 74, 87-88, 92,

99-100, 116
McCracken, Brett, 81
metafora, 52
metodistički, 31
#MeToo, 94
milost, 14-15, 25-26, 39, 50, 110,
   114-115, 136, 141-142
mir, 12, 30, 90, 104, 106, 118
misionari, 3, 70, 135
misterija, 14
„moderna hrišćanska muzika", 31
mudrost, 2, 51, 56-58, 65, 89,
   93, 124, 129
multietnička crkva, 102
muzika, 31, 97, 105, 110, 130

nacionalnost, nacionalno,
   101, 106
način života, 21, 49, 86, 98,
   125, 127
nanovo rođenje, 30, 33-36,
   38-39, 68, 93, 115
narodnost, 15, 99, 101-102, 133
nasilje, 85, 94, 140
nebesko carstvo, 23-24, 28, 42,
   54, 66, 69, 72, 77, 82, 96,
   101, 108, 120, 132
nebo
   ambasada, 52-53, 67-69, 75,
      77, 93, 95, 117

državljanstvo, 68
kultura, 52, 57, 64
na zemlji, 15, 23, 68-69
pasoši, 69-71,
nehrišćani, 22, 118
nervoza, 50
neverni, nevernici, 10, 26,
   48, 75-76, 91
Nikodim, 33-34, 39
Noje, 75, 78, 92
nominalni hrišćani i vera, 3, 17, 79
novi savez, 39

obnova, obnovljeno, 2, 93-94,
   125
obraćenje, 30, 32, 35-39, 73,
   113, 115, 126
obredi, 24, 28, 42, 54, 66, 69-71,
   82, 96, 108, 115, 120
obuka, 79, 123-127
odanost, 65, 138
odgovornost, 26, 38, 49, 72, 74,
   80, 88, 115, 134
odnosi, 12-14, 20, 36, 49-52, 59,
   73, 88, 95, 109-110, 113, 116,
   127, 133, 135-136, 139-140, 143
ohlokratija, 88
ohrabrenje, ohrabriti, 2, 11, 20,
   47, 49, 72, 74, 95, 97, 110,
   123, 133

okupljanje, 10, 21, 40, 44-46, 48,
  51-52, 70, 76, 85, 123, 130
omladinski sastanci, služba, rad,
  17, 38, 98, 109
opis posla, 122, 125
„Ovako kaže Gospod", 58
ozdravljenje, 15

pandemija, 2, 3, 7, 9-13, 15, 48-49,
  51, 61, 73, 104, 106, 122, 137
paracrkvene organizacije, 128
pasoši, 67, 68, 69-71, 77
patnja, 12, 110
Pavle, 13-14, 34, 37, 46, 48, 50,
  55, 60-62, 70, 74-76, 85, 88-89,
  93, 104-106, 115, 118, 122,
  124-129, 138
  njegovo propovedanje,
    125, 128
  o braku, 13-14
  o ljubavi, 26, 90, 93, 95,
    104, 123
pedobaptisti, 30
pentekostalna crkva, 32
periferija, 135-136
Petar, 61, 68, 80, 116, 125,
  141-142
pobožan, pobožnost, 58, 65, 125,
  127-128, 132-133
podela, 10, 20, 37-38, 101,
  104-105, 126
podkast, 56, 61, 64, 97, 113, 138
pokajanje, pokajati se, 14, 18, 26,
  30, 34, 37, 39, 50, 84-86, 91,
  93, 124, 138
pokornost, pokoravanje, pokoriti
  se, 39, 56, 61, 65, 71-72, 90-91,
  103, 114, 117-118, 133-134
pol, 101-102
politički protesti, 43, 45, 48, 52,
  103, 130
politika, politički, političar,
  10-11, 13, 15, 20, 22, 43, 45,
  48, 50, 55-56, 79, 100-103,
  106, 130-131, 137
pomirenje, 37, 78, 117, 131
poniznost, 53, 94-95, 104, 131,
  136, 139
porodica, 12, 19, 21-23, 26,
  29-30, 32-33, 36-38, 49, 51,
  59, 70-72, 74, 77, 88, 95,
  113, 118, 128, 136-140
posvećenost, 3, 9, 20, 71-72, 80,
  110, 116
poštar, 57, 62
potvrditi, 12, 24, 28, 42, 54,
  66-72, 77, 82, 84, 86, 88, 96,
  108, 120, 131, 139
poverenje, 95, 104, 122, 129-132
praktična pomoć, 143

pravda, 20, 34, 117, 127
prenos preko interneta, 3, 49, 51
prepirke, 12, 60
prezbiterijanci, 31, 68
prijatelj, prijateljica, prijateljstvo,
  12, 14, 17-18, 20, 22, 25, 27, 30,
  35-36, 45, 48-49, 71, 73-74, 80,
  84, 86, 93, 95, 98, 100, 103,
  131, 137, 140, 143
pristrasnost, 15
profesija, 127
programi, 57, 79, 102, 110,
  122-123, 129
promena, promeniti (se), 19, 21,
  25, 30, 35, 37, 39, 43-44, 48, 90,
  98, 101, 110, 112, 117, 130, 141
Propoved na gori, 116
propoved, propovedati, 6, 10-13,
  18- 21, 32, 47, 55-65, 69,
  80, 97-98, 105, 109-110,
  112-113, 116-117, 121,
  124-125, 127-128,
  132-133, 142
  ekspozicijske propovedi, 61-62
  i autoritet, 55-58, 61, 63, 65
  i ljudi, 18-21
  snimljene propovedi, 62-63
  tematske propovedi, 61
  u vremenu i prostoru, 64-65
proroci, 19, 37, 39, 46, 58

psihologija mase, 44

rasizam, 106, 130
različitost, 2, 10, 23, 24, 28,
  31, 34, 36, 42, 54, 57, 60,
  61, 66, 70, 82, 88, 94, 96,
  99, 101-109, 120-121,
  127-128
razumevanje, 2, 18, 21, 39,
  69, 87, 116, 124
rimokatolička crkva, 31
Rinne, Jeramie, 134

samoobmana, 93-94
samopomoć, 56, 114
savest, 18, 69, 100
savetovanje sa pastorom, 137
seksualna etika, 102
seksualna orijentacija, 101
seksualno nasilje (zlostavljanje),
  94, 136
Simon Zilot, 100
sinagoga, 46
Sjedinjene Države, 22, 31, 51,
  53, 55, 67, 106, 130
slavljenje, 40, 50, 97-98,
  103, 138
slomljenost, 136
služba, 11, 13, 18, 31, 33, 38, 57,
  60, 63-64, 78, 98, 110-111,

117, 121, 123, 127-128, 133,
136-137, 142
Smethurst, Matt, 134
Spotifaj, 138
starešine
   opis posla, 125
   veći broj, 127-128
   sposobnost poučavanja, 60,
   123-126
Stiles, Mack, 118
strah, 10, 12, 44, 116, 136
sud, 39, 47, 53, 88-89, 114-115
sudija, 19, 69
sudski postupak, 88
sveštenici, 77-79, 122, 126, 133
sveštenik i car, 77-78, 122
Sveti Duh, Duh, 14-15, 18-19,
   21, 23, 30, 33, 35, 37-39, 47,
   50, 57, 62, 64-65, 73, 84, 93,
   104, 106, 110-112, 114
   njegova uloga, 114
sveto, svetost, 24, 28, 42, 54, 66,
   74, 77-79, 82, 87, 90, 92, 96,
   101, 108, 120, 141

tehnologija, 138
teologija, 47
teorija zavere, 10, 56
Timotej, 4, 50, 55, 60, 115,
   124-125, 128, 134

tinejdžeri, 26, 29-30
Tit, 60, 122, 124, 126-129
Trojstvo, 10, 79, 112, 114

učeništvo, 26, 51, 71, 83, 85, 94,
   122-123, 129
učenje, 6, 24, 28, 36, 42, 54-66,
   79, 82, 89, 96, 101, 104-105,
   108-111, 113-114, 116, 120,
   124, 140, 143
učitelji zakona, 56-57
udovice, 12, 20, 133
Uganda, 31
univerzalna crkva, 72-74
usvojenje, 32, 35-38
utelovljenje, 45, 133

vakcina, vakcinisanje, 10, 31
Vašington, 18-20, 25, 45,
   47-48, 52
Veliko poslanje, 49, 78, 111-113
vera, 9, 15, 30, 34, 36-38, 47, 49,
   51-52, 60, 73, 79, 90, 104-105,
   110, 112, 114-115, 118, 127,
   129, 133
virtuelna crkva, 11, 49-51, 97
vlast, 3, 56, 78, 93, 103-104,
   111, 115, 140
   Isusa Hrista, 56, 103, 111
vođe, vođenje, vođstvo, 2, 11, 26,

58-59, 72, 93, 98, 110, 113,
115, 122, 125-132, 138

Wilkin, Jen, 65

zajednica, 11-13, 21-22, 25-26,
36, 53, 59, 63-65, 68-70,
75-76, 85, 93, 99, 101-102,
104-106, 111, 122, 125,
128-129, 143

zajednica različitih ljudi, 24, 28,
42, 54, 60, 66, 82, 88, 96, 99,
101, 103-106, 108, 120
zakoni o čistoti, 75
zrelost, 126
žene, 13-14, 18, 36, 53, 60, 85,
88, 94, 102, 125, 129, 133,
135, 137-138, 140
žmurke, 17

BIBLIJSKI INDEKS

Postanje
1,26-28.................44
1,28......................77
2,15......................77
3..........................34

Izlazak
8,22-23................75

Ponovljeni zakoni
6,7.......................60
16,16...................45
19,15...................88
31,10-12..............45
31,30...................45

Psalmi
8..........................77
118,22................141

Isaija
1 – 66..................19
2,4.......................99

8,14....................141
28,16..................141
55,9.....................62

Jeremija
23,15...................58
31,33...................39
38,2-4..................58
38,9.....................58

Jezekilj
36,26-27..............39
34,2-3..................58

Joil
2,16.....................46

Avakum
2,14.....................93

Matej
4..........................23
5 – 7..................116

5,11 114
5,13 89
5,14 117
5,16 117
6 .... 23, 23
7,28-29 56
9,9 99
9,11-13 100
10,22 114
16 .... 23, 68
16,13-20 68
16,16 116
16,18 46
16,19 68
16,21 116
18 .... 23, 68, 87, 92
18,10-14 88
18,15-20 68
18,15-17 88
18,17 .... 46, 74
18,20 .... 46, 69
20,28 116
25,21 139
26,26-29 70
28,18-20 .... 78, 111
28,19 69

Marko
10,45 .... 116, 133
13,13 114

Luka
21,17 114

Jovan
1,1-2 46
1,14 46
3 33
3,3 33
3,5 33
3,16 33
3,36 34
5,18 114
13,34-35 26
14,21 90
14,26 114
14,31 90
15,10 90

Dela apostolska
1,13 100
2 74
2,41 .... 70, 74
6 .... 74, 132
6,1 133
6,2 .... 74, 133
6,7 133
8,26-40 70
11,18 35
12,5 75
14,23 127

15,13	128
16	125
16,4	127
16,14	125
16,15	125
17,6	103
17,11	79
18,5	128
20,17	122, 127
20,28	122
21,18	127, 128

Rimljanima

1	62
2	62
3	62
5,8	26
8,15	37
8,16	37
8,17	37
10,9	34
12,4-5	14

Prva Korinćanima

1,28	53
3	23
3,16-17	79
4,16-17	125
4,16	126
5	88, 92
5,1	88, 89
5,2	74, 88, 89
5,5	85, 89, 89
5,6	89
5,12	74
9,14	128
10,17	47, 70
11,1	126
11,18	46
11,29	70
11,33	70
12,24-26	105
12,26	15
12,27	14
13,6	90
13,7	104
14,24-25	48, 76
14,25	22

Druga Korinćanima

5,18-20	78
6,14 – 7,1	79
6,14-18	76

Galaćanima

1,2	75
4,4-5	36
4,4	37
4,7	37
6,10	118

Efescima
1,5 37
1,11 37
1,14 37
2,8 34
2,11-22 73
2,19-22 38
3,10 93
3,18-19 93
4 123
4,1-6 104
4,11 122
4,12 122
4,11-16 122
4,15-16 ...... 95, 123
5,25-27 13
5,29 14

Filipljanima
2,3-4 139
2,6-7 139

Kološanima
1,16 37
3,10 73
3,12 73

Prva Solunjanima
2,13 48

Prva Timoteju
1,4 60
2,5-6 115
3,1 129
3,2-7 126
3,2 .... 60, 124, 126
3,6 126
4,13 128
4,16 .... 50, 124
5,17-18 128
5,17 .... 128, 128

Druga Timoteju
1,13 124
2,2 124
2,15 124
2,16 124
2,18 124
2,24 124
2,25 124
4,2 .... 55, 124
4,3-4 60

Titu
1,5 .... 122, 127
1,6-9 126
1,7 122
2,1 124
2,3-5 60

2,3-4 129

Jevrejima
10,24-27 47
10,24-25 77
10,25 51
11,10 22
12,6 90
12,11 90
13,7 127
13,17 134

Jakovljeva
2,1-7 15
2,14-16 73
5,14 127

Prva Petrova
1,3 34
2 23
2,4-5 141

2,6 141
2,7-8 141
2,9-10 142
2,9 78
5,1-2 122
5,1-5 125
5,3 125

Prva Jovanova
2,5 90
4,16 91
5,3 51

Druga Jovanova
1-3 90

Otkrivenje
5,9 15
7,9 46
21,3 46

TGC — THE GOSPEL COALITION

Organizacija *The Gospel Coalition (TGC)* podržava crkve u misiji da ljude svih naroda učine Hristovim učenicima, u pravo vreme im pružajući pouzdane, zanimljive i mudre materijale u čijem središtu je evanđelje.

Vođena od strane više od 40 pastora reformisanih crkava, ova organizacija teži da pomogne napretku službe evanđelja u narednim generacijama tako što se bavi izradom različitih sadržaja (uključujući članke, podkaste, videa, kurseve i knjige) i organizuje sastanke za vođe (uključujući konferencije, virtualne događaje, treninge i regionalne obuke).

Svojim radom želimo da pomognemo hrišćanima širom sveta da bolje razumeju evanđelje Isusa Hrista i primene ga na svoj život u dvadeset prvom veku. Želimo da ponudimo biblijsku istinu u vremenu konfuzije. Ljudima koji su u potrazi želimo da pružimo nadu evanđelja.

Pridružite nam se i posetite TGC.org kako biste naučili kako da volite Boga svim svojim srcem, dušom, umom i snagom i da volite svog bližnjeg kao samog sebe.

TGC.org

Izgradnja zdravih crkava

DA LI VAM JE CRKVA ZDRAVA?

Služba 9Marks *oprema crkvene vođe prenoseći im biblijsku viziju i pružajući im praktična sredstva kako bi njihove zdrave crkve pokazivale narodima Božiju slavu.*

Radi toga nam je cilj da pomognemo crkvama da razviju devet zdravih, ali često zanemarenih odlika:

① Ekspozicijsko propovedanje
② Nauka utemeljena na evanđelju
③ Biblijsko shvatanje obraćenja i evangelizacije
④ Biblijsko crkveno članstvo
⑤ Biblijsku crkvenu stegu
⑥ Biblijski pristup učeništvu i rastu
⑦ Biblijsko crkveno vođstvo
⑧ Biblijsko shvatanje i praktikovanje molitve
⑨ Biblijsko shvatanje i praktikovanje misije

Služba *9Marks* piše članke, knjige, prikaze knjiga i internet časopis. Organizujemo konferencije, snimamo intervjue i proizvodimo druga sredstva kako bismo opremili crkve za pokazivanje Božije slave.

Posetite naš veb-sajt, gde možete pronaći sadržaje na više od četrdeset jezika i prijaviti se za primanje našeg besplatnog internet časopisa. Na sledećoj adresi se nalazi potpuni spisak naših sajtova na drugim jezicima: 9marks.org/about/international-efforts/.

9Marks.org

CIP - Каталогизација у публикацији
Библиотеке Матице српске, Нови Сад

27

ХАНСЕН, Колин, 1981-
Ponovno otkrivanje crkve : zašto je Hristovo telo suštinski važno / Kolin Hansen, Džonatan Liman ; [prevod Anja Lalović]. - Titel : Hrišćansko udruženje Projekat Timotej, 2021 (Novi Sad : Spirit). - 161 str. ; 21 cm

Prevod dela: Rediscover church / Collin Hansen, Jonathan Leeman. - Tiraž 1000. - Registri.

9Marks ISBN: 978-1-955768-35-1

1. Лиман, Џонатан, 1973-
а) Хришћанство

COBISS.SR-ID 46203145

www.ingramcontent.com/pod-product-compliance
Lightning Source LLC
Chambersburg PA
CBHW071418070526
44578CB00003B/595